医療・保健・福祉・心理専門職のための
アセスメント技術を深めるハンドブック

精神力動的な視点を実践に活かすために

近藤直司

明石書店

はじめに

　本書は、拙著『アセスメント技術を高めるハンドブック――ケースレポートの方法からケース検討会議の技術まで』（明石書店刊）の最終章で簡単に紹介した「精神力動的な診断・アセスメント」を膨らませたものです。執筆の経緯を述べたいと思います。
　私の本務先であった東京都立小児総合医療センターは、児童・思春期精神科の専門病院であった東京都立梅ヶ丘病院の他、都立の小児病院を統合した子どものための総合病院で、児童・思春期精神科は7病棟、202床を有しています。着任してみてわかったのは、相当に多忙な職場であること、1例1例にとにかく時間のかかる児童・思春期精神科臨床に若手・中堅の医師が真摯に取り組んでいることでした。また、若手の人たちが精神分析に関する本をたくさん読んでいることを知りました。同時に、本で得た知識が必ずしも効率よく臨床に結びついていないようにもみえました。とくに、パーソナリティと治療者−患者関係の捉え方に「伸び代」がありそうで、その点で自分も少しは力になれるかもしれないと感じました。最初は症例検討会に生物−心理−社会的なアセスメントを導入し、精神・心理療法の勉強会を始めました。その後、症例検討会やスーパービジョンで患児のパーソナリティ傾向や治療者−患者関係について考えてみることを指導し、入院治療のケースを転移−逆転移モデルで評価・アセスメントする視点を導入しました。

これらの試みと同時に、精神分析の入門書をあれこれ読んでみました。以前に指導医からもらった古い別冊やプリントアウト原稿も引っ張り出して読み直し、自分が受けた指導を思い返しながら、精神分析的・精神力動的な視点をアセスメントに活かす方法をできるだけわかりやすく解説しようと書き溜めてきたのが本書です。その趣旨からして、本書にオリジナルな発想が少ないのはお許しいただくこととして、学術的な正確さを欠いていたり、簡略すぎる部分についてはご指摘いただきますよう、お願い申し上げます。

　私は前著で、医療、心理、保健、福祉領域で必要とされているアセスメントを、『一つ一つの情報を自分なりに解釈し、それらを組み立て、生じている問題の成り立ちmechanismを構成し（まとめ上げ）、支援課題を抽出すること、あるいは、その人がどんな人で、どんな支援を必要としているのかを明らかにすること』と定義しました。前著では、問題の成り立ちを生物‐心理‐社会的に構成する具体的な方法を示したつもりです。本書は、「その人」をより深くアセスメントすることに主眼を置いています。

　不勉強な私が本書を執筆することができたのは、東海大学医学部精神科学教室の卒後教育を受けたからに他なりません。精神分析的精神療法と精神力動的精神医学を学ぶことができる研修・臨床環境を与えてくださった岩崎徹也先生、橋本雅雄先生、狩野力八郎先生、入院治療チームやスーパービジョンでご指導いただいた諸先輩方に感謝を申し上げます。とくに岩崎先生には、本書の執筆中、精神力動的精神医学の歴史などについて改めて多くのことをご教示いただきました。また、前職の同僚・研修医諸氏に感謝しています。皆さんに何を身につけてほしいかを考えなが

ら作成した研修資料が本書の執筆に直接つながりました。
　本書をお読みいただくことで、精神科医療の現場で働く人たちや心理専門職の他、保健・福祉分野の専門職にとって精神力動的診断・アセスメントが身近なものとなり、さまざまな分野でご活用いただければ、まことに幸いです。

　平成26年4月

近藤直司

目 次

はじめに 3

第1部 精神力動的診断の枠組み……………9

1. 力動精神医学の成り立ち……………10
2. 関連する用語について……………12
3. 精神力動的診断とは……………14
4. 今日的な精神力動的診断……………18
   (1) パーソナリティや発達特性、生活史、現病歴などから、問題の発現状況を読み解く 19
   (2) 自我機能と超自我の評価 20
   (3) 前意識、無意識に目を向ける（夢、身体化、失錯行為、抵抗、防衛など） 21
   (4) 治療・援助や治療者・援助者に対して抱く感情（転移）と逆転移について検討する 21
   (5) パーソナリティの評価 22
   (6) 心理的資質 psychological mind の評価 30
   (7) 生物的－心理的－社会的に捉える 31
   (8) 自己愛の病理について 31

第1部まとめ 36

第2部 精神力動的診断の方法……………37

5. 精神力動的な診断・アセスメントのための面接……38
   (1) 面接の進め方 38
   (2) 「いま、ここで」の視点 40
   (3) 自分に転移・投影されているものとして考えてみる 41

（4）自分の理解を伝えてみる　45
　　　（5）発達理論に照らしてみる　46
　6. 対象喪失概念をアセスメントに活かす……………50
　　　（1）対象喪失と喪の仕事　50
　　　（2）躁的防衛 manic defense　51
　第2部まとめ　53

第3部　精神力動的観点の応用……………………55

　7. 薬物療法をめぐる力動的な視点……………………56
　　　（1）治療抵抗とコンプライアンス　56
　　　（2）治療者の無力感と過剰な処方　57
　8. 入院治療や入所施設における力動的なアセスメント … 59
　　　（1）これまでの対人関係の再現と考えてみる　59
　　　（2）「何かを伝えたいのかもしれない」と考えてみる　62
　　　（3）チームに起きていることをクライエントの理解につなげる　62
　9. 家族を力動的にアセスメントする…………………64
　　　（1）一般的な家族機能のアセスメント項目　64
　　　（2）対象関係論的な視点　65
　　　（3）世代間境界　67
　　　（4）システム論的アセスメントと力動的アセスメント　68
　　　（5）対象喪失体験との関連　69
　　　　事例1　71／事例2　72／事例3　73
　10. 発達障害臨床と精神力動的な観点…………………75
　　　（1）心理療法的アプローチの可能性について　75
　　　（2）発達障害と虐待　77
　第3部まとめ　79

　おわりに　81

第 1 部　精神力動的診断の枠組み

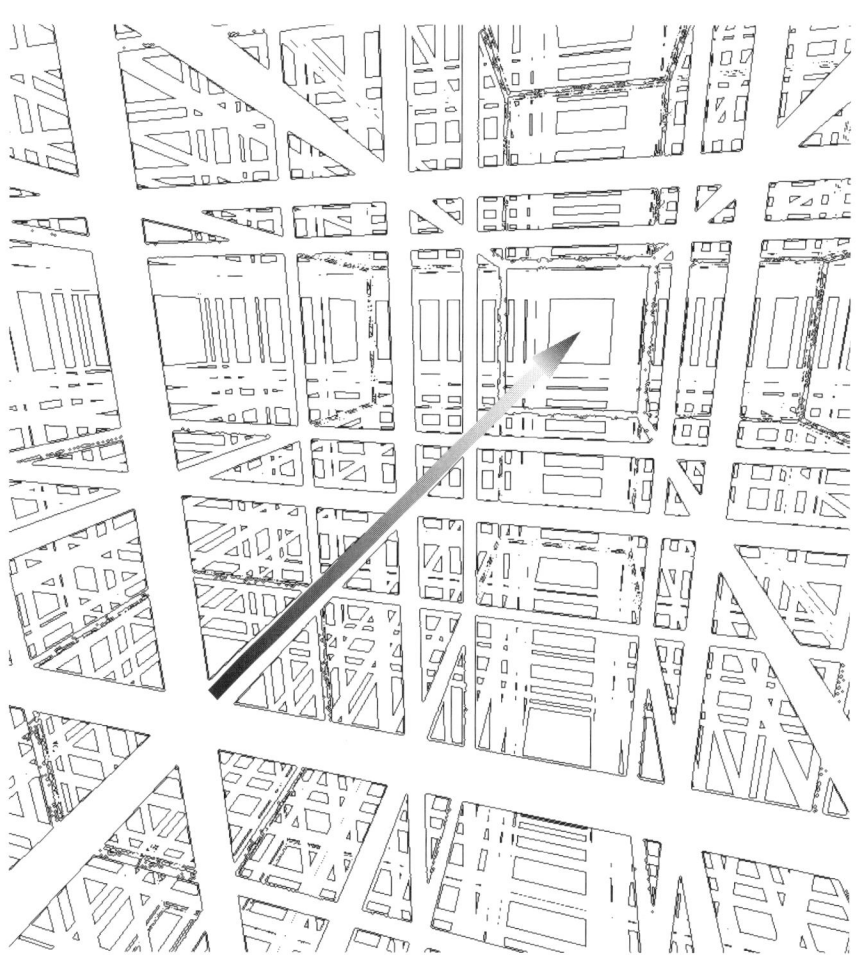

1. 力動精神医学の成り立ち

　精神力動的診断は精神科臨床や心理臨床の基礎の基礎とも言えるものです。しっかり身につければ、精神科医療や心理臨床はもちろん、相談支援機関や入所施設などでも大いに役に立ちます。ここでは、精神分析や精神分析的精神療法のための診断面接に限定せず、もっと広い領域で活用できるような精神力動的診断・アセスメントについて考えてみたいと思います。

　力動的 dynamic と対比される用語は**静的 static** です。精神力動的診断と対比的・相補的な関係にある**記述的・症候学的診断**は、厳密で客観的な現象観察を重んじ、概念的説明を混じえない静的な診断方法です。また、一つ一つの症状を把握し、「これらの症状を併せもつ疾患は〇〇病である」と分類する方法論を用います。こうした診断を重視する精神医学を**記述精神医学**と呼びます。

　一方、精神力動的診断はジークムント・フロイトの精神分析理論を踏まえた観察・理解の方法論であり、こうした診断方法とそれに基づいた治療を重視する精神医学を**精神力動的精神医学、力動精神医学、力動学派**と呼びます。

　精神分析の実践を通して、フロイトは精神・心理現象や精神疾患、精神病理を説明するための膨大なアイデアを遺し、後の研究者はそれらを以下のような理論モデルにまと

めました。

> ① **局所論モデル**：意識－前意識－無意識、人格構造としてのエス－自我－超自我（構造論）
> ② **力動論モデル**：精神現象や症状を内的葛藤の表現として捉える（精神内界葛藤論）
> ③ **発生論モデル**：現在の精神現象を幼少時の体験との関連から理解する
> ④ **エネルギー経済論モデル**：エネルギー物理学を応用した理論モデル
> ⑤ **適応論モデル**：自我は外界に積極的に適応しながら、健康な発達を遂げるという観点
> ⑥ **対象関係論モデル**：精神現象を対象との関係性という観点から捉える

　力動精神医学は、こうした精神分析の諸理論が一つの基礎となっています。もう一つ、内因性精神疾患を治療・研究の中心としていたヨーロッパの精神医学とは対照的に、精神障害を生物的－心理的－社会的要因に対する全人格的反応として捉える**反応型概念**を提唱し、精神科臨床を牽引したアメリカ精神医学の始祖、アドルフ・マイヤーの影響が強かったと言われています。さらに第二次世界大戦を契機に、ヨーロッパで訓練を受けたユダヤ系の精神分析医が続々とアメリカ大陸に亡命・移住した歴史的状況も影響し、1950年代から60年代にかけて、力動精神医学は記述精神医学と並ぶ精神医学の二大主流として、おもに北米において発展しました。

2. 関連する用語について

　ここで、関連する用語について整理しておきたいと思います。「精神分析的であること」と「精神力動的であること」は同義ですが、「精神分析」と「精神分析的・精神力動的であること」には違いがあります。

　精神分析には３つの側面があります。その一つは、週４日以上、寝椅子と自由連想法を用いた心理療法としての側面です。その他に、精神分析治療の実践を通して得られた心理学理論としての側面と、そのための研究方法としての側面があります。

　我が国においても広く普及している週１回から２回の対面法による心理療法は**精神分析的心理療法**（**精神力動的心理療法、洞察的－表出的心理療法**とも呼ばれます）に分類されます。我が国では、「精神分析であること」と「精神分析的・力動的であること」の違いが曖昧でしたが、近年は国際基準に準拠し、上記の区別をはっきりさせようという動向がみられます。

　また現在、**Psychodynamics Psychiatry 精神力動的精神医学**ないしは **Dynamic Psychiatry 力動精神医学**を **Psychoanalytic Psychiatry 精神分析的精神医学**と呼ぶ人たちもいますが、おそらく、かつては、精神分析＝フロイトというイメージがあまりにも強く、精神分析的精神医学

と言えば、それは「フロイト派精神医学」を意味したことでしょう。そこで婉曲的に Psychodynamics Psychiatry という用語が用いられ、定着したものと思われます。

　Psychodynamics の日本語への翻訳にあたっては、導入初期には「精神力学」と「精神力動」の両者が使われていましたが、物理学を連想させる「力学」よりも、「心の動き」というニュアンスを重視した「力動」の方が定着していったようです。

3. 精神力動的診断とは

　次に、精神力動的診断について説明します。まずは、オーソドックスな自我心理学に基づいた診断モデルです。
　精神分析の諸理論のうち、前記の力動論モデルは、精神障害を「こころの動き」という視点で捉えることが特徴的です。「相反するこころの動きが精神障害を生じさせる」、硬い言葉で言うと、「精神障害は『葛藤』の派生物である」ということになります。したがって、力動的に診断するためには、まず、**内的葛藤**がどのように生じるかを整理する必要があります。葛藤は以下の４つに分類されます。

---
① 　内的欲求と超自我・自我理想との葛藤
② 　内的欲求と外的現実との葛藤
③ 　内的対象との葛藤
④ 　相反する内的欲求の葛藤（アンビバレンス）

　『金田一少年の事件簿』というマンガがあります。金田一くんは難事件を前にして、「じっちゃんの名に懸けて」と自らを奮い立たせます。もしも金田一くんの推理力をもってしても解決できない完全犯罪に出会ったとすれば、彼の心にはたいへんな葛藤が生じることでしょう。ご高齢のじっちゃんを落胆させてしまったことが深い悩みになっ

たとすれば上記の②、金田一耕助氏はずいぶん前に亡くなっていて、伝え聞いてきた想像上のじっちゃんとの関係で葛藤が生じていれば③です。じっちゃんのような名探偵でなければならないという超自我との葛藤、あるいは、そうでありたいという自我理想が傷ついて生じた葛藤は①、事件も解決したいけれど、好きな女の子が他の男子生徒と仲良く喋っているのを見てしまってから、心乱れて謎解きに集中できないのは④です。

　上記の精神分析理論は相互にリンクしながら全体像を構成しています。力動論に沿って葛藤について考え始めたところで**超自我**という概念が出てきて、まずは構造論がリンクしてきました。次に、葛藤解決の方法や程度が問題になります。

---

① 昇華
② 自我親和的ではあるが、社会的にみれば適応的でない解決
③ 自我違和的な神経症症状による解決
④ 葛藤を否認し、主観的・内的な幻想を外在化するような解決
⑤ 自我機能のうち、どの領域が葛藤に巻き込まれ、どの領域が機能しているか

　金田一くんが敗北感を乗り越え、新たな視点を獲得してさらに成長したとか、その挫折感をステップにして作家として成功したりするのが①、何もかも嫌になって世捨て人や非行少年になってしまうのが②、腹痛や足の痛みで事件

第1部　精神力動的診断の枠組み　　15

現場に行けなくなってしまうのが③、急にじっちゃんが無能な人のように思われてきたり、その偏屈さや風変わりさも嫌になってきて、自分の敗北のこともどうでもよくなってきたら④です。

　⑤を評価するために、今度は構造論のうち**自我**について評価することが必要になります。自我の概念はフロイト以後の自我心理学において拡大され、自我機能はさまざまな精神機能や心理機制を含む、かなり広範な概念になっています。**自我機能**の評価にはおおむね以下のような項目が含まれます。

① 現実検討：自己の内外の識別
② 行動の予測
③ 自己と外界に関する現実感
④ 思考過程
⑤ 自律的な（葛藤から自由な／葛藤に巻き込まれていない）自我機能
　一次的な自我機能：自己保存本能と結びついた自律性（知覚、言語、思考、運動など）
　二次的な自我機能：二次的に獲得した適応的な行動様式（技能、労働、趣味、遊びなど）
⑥ 刺激防壁：生体内外の刺激に対する安定性・恒常性
⑦ 情動・欲動の統御・調整
⑧ 防衛機制
⑨ 対象関係
⑩ 環境の支配・コントロール：達成の能力と自己評価

> ⑪　自我を助ける適応的退行：自我の弾力性
> ⑫　統合機能：自我の諸機能の調整・統合

　この他、各年代で特異的に生じやすいタイプの葛藤といった視点が必要になってくるので、さらに発生論やライフサイクル論などがリンクしてきます。このように、精神力動的診断のためには力動論モデルを出発点として、さまざまな精神分析理論を活用することになりますので、いろいろな知識を広く身につけておくと助けになります。

4. 今日的な精神力動的診断

　「客観的な観察」をモットーとする静的 static な診断とは対照的に、クライエントの主観的経験に価値を置くこと、直接的には観察することのできないその人の過去と発達過程を重視することなどが精神力動的診断の重要な基本的特徴です。また、現代的な力動精神医学は無意識的葛藤や精神内界の構造に加えて、無意識的・内的な関係性、とくに治療者−患者関係について考えることを重視するようになっています。さまざまな精神機能を**自我機能**として捉える傾向にも変化がみられているようです。古典的な考え方から今日的な視点までを踏まえ、精神力動的診断を以下のように再構成してみたいと思います。

① 生活史データ
　― 発達史
　― 生活史
　― 家族歴
② 自我の特徴
　― 強さ／脆弱性
　― 葛藤と防衛機制
　― 自他の境界
　― 超自我の性質

> ③ 対象関係の性質
>   ― 家族関係
>   ― 転移と逆転移のパターン
>   ― 内的対象関係の性質
> ④ 自己のあり方
>   ― 自己評価と自己の凝集性
>   ― 自己の一貫性、アイデンティティ
>   ― 心身相関
> ⑤ 心理的資質
> ⑥ 生物的 ‐ 心理的 ‐ 社会的要因の相互関係

　簡略すぎるというご批判もあろうかと思いますが、精神力動的診断、力動的なアセスメントをできるだけわかりやすく、さまざまな治療・支援の場で使いやすくするために、以下のような捉え方を提案してみたいと思います。防衛機制、対象関係、自己のあり方については、「パーソナリティの評価」に含めたいと思います。

（1）パーソナリティや発達特性、生活史、現病歴などから、問題の発現状況を読み解く

　「その人はどんな人で、どんな人たちと、どんなふうに暮らしてきて、どんな影響を受けてきたか、問題が発現する時期にはどのような出来事があって、それをご本人はどのように体験していたのか、その結果、どのような葛藤が生じ、それがどのような問題として顕在化し、持続しているのか」といったストーリーを読み解くことです。

　その人の過去や育ちに関する情報収集と、それらを理解・解釈し、構成する（まとめあげる）ことが課題になり

ますので、誤解を恐れずに言えば、ある種の想像力も必要です。しかし、それが独りよがりな思い込みでは困りますし、現在の問題を何から何まで育ちのせいにするのもアンバランスです（後述する**相補系列**を参照してください）。さまざまな情報から構築したストーリーに充分な整合性と説得力をもたせることができるようになるためには理論と知識が必要ですし、同僚とのディスカッションやスーパービジョンなどの経験が役に立ちます。また、育ちに関する仮説、とくに親をはじめ、その人にとって「重要な人」との関係性が現在の治療状況に（たとえば**転移として**）再現されていることが確認できれば理想的です。

(2) 自我機能と超自我の評価

かなり単純化して言うと、「話のわかりやすさ」はその人の自我機能をよく表します。わかりにくい話の代表例は**一次過程思考**（時系列の混乱、整合性・客観性の弱さなど）と**自我境界の曖昧さ**でしょう。話を聴いていても出来事の後先がわからない、論理の筋道が混乱している、他者の考えなのか、ご自分の解釈なのかが区別できない、といったものです。

もっと病理的な場合には、自他の境界が崩れ、自我が外に漏れだす体験（**自我漏洩症候群**）や**考想伝播**、**思考吹入**、自分の考えや行動が自分のものと感じられない**能動意識・自己所属性の障害**として捉えられますし、**妄想**も自我境界の障害によって生じます。「自我の強さと脆弱性」というのは、強いストレスを受けたとき、深刻な葛藤を抱えたときの、その人の適応力や柔軟性を評価する項目と捉えてください。

超自我については、実在の親や親表象が「監視役」として機能している段階、非人格化され（特定の誰かではなく）、その人の価値規範として機能している段階、さらに「こうありたい」といった自我理想にまで成長した段階と発達論的に捉えることができます。また、超自我は緩すぎても、厳しすぎても病理的になり得ます。**防衛機制**についてはパーソナリティの一部として後述します。

(3) 前意識、無意識に目を向ける（夢、身体化、失錯行為、抵抗、防衛など）

　その人の言動だけに囚われず、「ああは言っているけれども、本当の本当はどんな気持ちなんだろう」とか、「表向きは身体的な不調で登校できないようだけど、本当の本当は学校での友だち関係に苦労しているのではなかろうか（**心身相関、身体化**）」「ご本人も気づいていないみたいだけど、遅刻が増えたのはこの面接がつらくなっているためではないか（**抵抗、失錯行為**）」「妙に明るいけれど、本当の本当はとても悲しいのではないだろうか（**防衛機制、この場合は反動形成**）」などと考えてみます。もう少し厳密に言うと、症状と行動は無意識的な心理過程の表れであり、あらゆる行動には意味があるということです。こういう考え方は**心的決定論**と呼ばれており、力動的精神医学の基本原則の一つです。

(4) 治療・援助や治療者・援助者に対して抱く感情（転移）と逆転移について検討する

　転移、逆転移は、本来は精神分析の設定（週4回以上、寝椅子と自由連想法を用いた心理療法）の中で起きる現象

として捉えるべきものですが、もっと日常的な面接や支援にも応用できると思います。

　転移を説明するときによく使われる例は、「病気を治したい」という動機付けで心理療法を始めた人が、いつの間にか、「治療者／お父さんに愛されたい」と望むようになっているといった現象です。まずは、「この子／この人は自分に対してどうしてこんなに反発するんだろう」「自分がちゃんとした人であるということを一生懸命に示そうとするのはどうしてだろう」といった視点をもち、「これまでの重要な人間関係が自分との間で再現されているのかもしれない」と考えてみることをお勧めします。

　逆転移については、まずは「この人との面接は緊張する」「この人と話しているとイライラしてくる」といった援助者自身の感情や気分に気づき、その理由を考えることを通してクライエントの理解に結び付けてみることを心がけるとよいと思います。この方法については、**投影、投影性同一化**として後で詳しく説明します。

(5) パーソナリティの評価

　パーソナリティの評価というのは、「その人がどんな人か」をアセスメントすることです。診断はついたとしても、その人にどのように関わってよいのかわからないときにはとくに役に立ちます。「パーソナリティを評価しなさい」と言われると難しく感じられるかもしれませんが、まずは、何となく「あの人って○○な人だよな」「こういうところがあるよね」「あの性格じゃあ、どこへ行ってもうまくいかないだろうな」などと感じていることをきちんと言葉にすることで、けっこうちゃんとしたアセスメントになりま

す。**逆転移**も活用してみます。

「話していると辟易としてきちゃうのは、彼に尊大で他人を見下す傾向があるから。自分の自尊心が傷つくことにはとても敏感だから、そのせいでこれまでも人付き合いや仕事が続かなかったみたい。家族に依存して生活しているけれども、自分ではそうとは思っていないみたい。むしろ、問題の責任は親にあると考えていて、自分で自分の問題を解決しようという気持ちは薄いみたい」とか、「とにかく劣等感が強い人です。批判・拒絶されることにひどく過敏になってしまっていて、他人と接するような場面を回避して生活するクセが身についてしまっているみたい。ご自身も何とかしなければとも思っているようだけれど、失敗したり、恥をかくことを恐れる気持ちも強いので、なかなか行動には移せないようです」といった感じです。こういう簡潔なケースレポートを心がけてみるとアセスメントの力量が上がると思います。

　もう少し整理してみるとすれば、3つか4つくらいの軸を意識してみるとよいと思います。一つは**自己感覚**です。自信満々で自分は何でもできると思っている。こういうのを**誇大的**であるとか、**万能感が強い**と言います。横柄で尊大な一方で極端に傷つきやすいというのも自己感覚に関する評価ですし、アイデンティティも自己感覚の一つです。
　近年は**自己肯定感**という用語が用いられることも多いようです。**自己評価・自尊感情** self-esteem、**自己効力感** self-efficacy、意欲や能動性、場合によっては他者に対する基本的信頼感なども含めて用いられることもあるようですが、何を指すのかが曖昧な気がして、今のところ私は

あまり使っていません。これらは**自己愛**ないしは自己愛の病理として、まとめて理解しておいた方がよいと思いますので、後で説明します。

　二つめは、**認知・行動のパターンや対人関係・対象関係の特徴**です。認知のパターンとしては、被害的で批判・攻撃されたと受け取る傾向が強いとか、物事を自罰的／他罰的に捉えやすい、などがあります。

　対人関係に表れる特徴としては、共感性が乏しい、依存的である、周囲の影響を受けやすい、サディスティック／マゾヒスティックな傾向などです。周囲をコントロールする傾向のことは**操作的・操作性**と表現します。境界パーソナリティ障害の特徴は操作性と同時に、相手を極端に理想化する一方、些細なことで幻滅しやすい傾向だと言われています。これを**対象恒常性の障害**と言います。

　受身的・攻撃的 passive aggressive なタイプの人もいます。受身的な態度に隠された攻撃性を援助者に向けてくる人のことです。あからさまには攻撃されてはいないけれども妙にイライラさせられる、クライエントの役に立てていないことを援助者が必要以上に申し訳ないと感じる、治療・支援が行き詰まり、強い無力感を抱く、といった場合に、そのクライエントはこうしたパーソナリティ傾向をもっているかもしれません。たとえば、その無力感を援助者が自覚し、援助者とクライエントとの関係性やクライエントのパーソナリティについて考えてみることが**逆転移**、つまり「自分の心」を利用したアセスメントです。

　三つめは、その人がよく使う**防衛機制**ないしは**適応の仕方**についてです。アメリカ精神医学会による診断システム DSM-Ⅳ-TR（現在は DSM-5 に改訂）では精神分析的

な防衛・適応論を踏まえて、昇華や愛他主義、ユーモアなど、不安や葛藤に対する高度な適応の仕方から、置き換えや反動形成、抑圧などの代償形成水準、万能的理想化や否認、投影などの心像歪曲水準、ひきこもりや自傷行為などの行為的水準、妄想的歪曲などの防衛制御不能水準といったレベルが示されていました（資料１）。

　たとえば、パーソナリティの問題を背景とするひきこもりケースでは、症状としてのひきこもりと同時に、「人と関わろうとすると心のバランスが崩れ、ひきこもることで防衛しているのではないか」と考えてみます。バランスの崩れ方は人それぞれで、**自己愛的なパーソナリティ**をもつ人は自尊心や自己評価 self-esteem、相手と自分との優劣、「全て理解し合える」「何でもわかってもらえる」といった極端な理想化と急速な幻滅、他者や所属するグループが自分の思い通りにならないことへの不満や怒りなどに関連した崩れ方をすることが多いと思います。**シゾイド・パーソナリティ**をもつ人は、自分の中にある他者への怒りや不満などに伴う攻撃性・破壊性を過剰に恐れ、ひいては他者への依存欲求さえも攻撃性を伴うものと感じてしまう傾向があります。また、自分の攻撃性・破壊性が外界や他者に投影される結果、迫害的・被害的な不安を体験しやすく、そのような双方向の不安・恐れの総体として、誰かと親密になろうとすると不気味な不安・恐れを感じて離れてしまうという対人関係パターンを繰り返すのが特徴です。こうしたメカニズムは、**ヤマアラシ・ジレンマ**、**in and out program** として概念化されてきました。

　防衛機制と逆転移との関連に注目してみると、たとえば、普段の面接では経験しないような感情の揺れ動きを自覚す

資料1　防衛・適応の水準（DSM-Ⅳ-TR）

■防衛水準および個々の防衛機制

［高度な適応水準］
防衛機能がこの水準にある場合には、ストレス因子に対処する際に最もよい適応を示す。通常は、これらの防衛によって満足が最大になり、気持ち、観念、およびその結果について意識的に気づくことができるようになる。これらの防衛は、互いに葛藤する動機に対して最良の平衡を与えるよう働く。この水準の防衛の例としては、
●予期　●連携　●愛他主義　●ユーモア　●自己主張　●自己観察　●昇華　●抑制

［精神的制止（代償形成）水準］
この水準の防衛機能は、脅威を与える可能性のある観念、気持ち、記憶、願望、または恐怖を意識の外に保つ。例としては、
●置き換え　●解離　●知性化　●感情の隔離　●反動形成　●抑圧　●取り消し

［軽度の心像歪曲水準］
この水準は、自己、身体、または他者の心像の歪曲によって特徴づけられ、それが自尊心の調節のために用いられる。例としては、
●価値の引き下げ　●理想化　●万能感

［否定の水準］
この水準は、不快な、または受け入れられないストレス因子、衝動、観念、感情、または責任を意識の外に保つことによって特徴づけられ、それらは外的原因のためであると誤って帰属されることもあれば、されないこともある。例としては、
●否認　●投影　●合理化

［重度の心像歪曲水準］
この水準は、自己または他者の心像の強い歪曲、または誤った帰属によって特徴づけられる。例としては、
●自閉的空想　●投影性同一視　●自己像または他者像の分裂

［行為的水準］
この水準は、内的または外的ストレス因子を、行為または引きこもりによって対処する防衛機能によって特徴づけられる。例としては、
●行動化　●無感情的ひきこもり　●援助の拒絶を伴う愁訴　●受動攻撃性

［防衛制御不能水準］
この水準は、ストレス因子に対する個人の反応を封じ込める防衛的調整の失敗と、それに続く客観的現実との激しい亀裂によって特徴づけられる。例としては、
●妄想的投影　●精神病的否認　●精神病的歪曲

■特定の防衛機制および対処形態に関する用語集

【行動化 acting out】個人が、内省または気持ちによってではなく、むしろ行為によって、情緒的葛藤、または内的または外的なストレス因子に対処する。この定義は、精神療法中の転移感情または願望を行動化すること、という本来の概念よりも広いものであり、転移関係の内および外の両面で生じてくる行動を含むことを意図したものである。防衛的行動化は、その行動が情緒的葛藤と関連している証拠を必要とする点で、"悪い行動"と同意語ではない。

【連携 affiliation】個人が、他者に助けまたは支持を求めることによって、情緒的葛藤や内的または外的ストレス因子に対処する。これには、問題を他の人と共有することが含まれるが、それに対する責任を他の人に負わせようとすることを意味してはいない。

【愛他主義 altruism】個人が、献身的に他の人の欲求を満たすことによって、情緒的葛藤や内的または外的ストレス因子に対処する。反動形成に時々特徴的にみられる自己犠牲とは違って、個人は身代わりになって、または他の人の反応を通して満足を受ける。

【予期 anticipation】可能性のある将来の出来事について、前もってその情緒的反応を体験したりその出来事の結果を予期したり、別の反応や解決を現実的に考えることによって、情緒的葛藤や内的または外的ストレス因子に対処する。

【自閉的空想 autistic fantasy】人間的関係、より効果的な行為、または問題解決の代わりに、過度の白日夢を見ることによって、情緒的葛藤や内的または外的ストレス因子に対処する。

【否認 denial】他の人には明らかと思われるような外的現実または主観的体験の苦痛な側面を認めることを拒否することによって、情緒的葛藤や内的または外的ストレス因子に対処する。精神病的否認という用語は、現実検討の粗大な障害が存在している場合に用いられる。

【価値の引き下げ devaluation】個人が、自己または他人の誇張した否定的性質のせいにすることによって、情緒的葛藤や内的または外的ストレス因子に対処する。

【置き換え displacement】個人が、1人の対象に対する感情または反応を他の(通常は脅威の少ない)代理の対象に移し替えることによって、情緒的葛藤や内的または外的ストレス因子に対処する。

【解離 dissociation】個人が、意識、記憶、自己または環境についての知覚、または感覚／運動行動の通常は統合されている機能を細分化することによって、情緒的葛藤や内的または外的ストレス因子に対処する。

【援助の拒絶を伴う愁訴 help-rejecting complaining】個人が愁訴や援助の要請の繰り返しによって情緒的葛藤または内的または外的ストレス因子に対処するが、それは他の人に対する敵意、非難などの隠された感情を偽装したもの

であり、その後、他の人が申し出た示唆、助言、または援助を拒絶するという形で表現される。愁訴または要請には、身体的または心理的症状、または人生上の問題が含まれることがある。

【ユーモア humor】個人が、葛藤またはストレス因子のおもしろい側面または皮肉な側面を強調することによって、情緒的葛藤または外的ストレス因子に対処する。

【理想化 idealization】個人が、他人の誇張した肯定的性格のせいにすることによって、情緒的葛藤や内的または外的ストレス因子に対処する。

【知性化 intellectualization】個人が、混乱した気持ちを抑制しまたは小さくするために、抽象的な思考を過度に使用することまたは般化を使用することによって、情緒的葛藤や内的または外的ストレス因子に対処する。

【感情の隔離 isolation of affect】個人が、本来関連のある観念を気持ちから分離することによって、情緒的葛藤や内的または外的ストレス因子に対処する。個人が、ある特定の観念(例:外傷的出来事)の認知的要素(例:記述的な細部)には気づいているが、その観念に伴う気持ちは感じられなくなっている。

【万能感 omnipotence】個人が、自分が特別な力または能力を有しており、他の人より優れているかのように感じたり行為したりすることによって、情緒的葛藤や内的または外的ストレス因子に対処する。

【受動攻撃性 passive aggression】個人が、他人に対する攻撃性を非断定的、間接的に表現することによって、情緒的葛藤や内的または外的ストレス因子に対処する。そこには、表向きは従属的になることで、表に出ていない抵抗、憤り、または敵意を覆い隠す面がある。受動攻撃性はしばしば、独立した行為や行動の要求、または依存願望の満足の欠如に反応して生じてくるが、ほかにもっとはっきりと自分を主張する方法がない従属的立場の個人にとっては適応的である場合もある。

【投影 projection】個人が、自分自身が受け入れることができない気持ち、衝動、または思考を事実に反して他の人のせいにすることによって、情緒的葛藤や内的または外的ストレス因子に対処する。

【投影性同一視 projective identification】投影のように、個人が、自分自身が受け入れることができない気持ち、衝動、または思考を事実に反して他の人のせいにすることによって、情緒的葛藤や内的または外的ストレス因子に対処する。単純な投影とは違って、個人が、投影されたものを完全に否定することはない。逆に、個人は、自分自身の感情または衝動に気づいているが、それが他の人に対する正当性のある反応であると誤って理解している。そこに存在していると最初誤って信じ込んでいたその感情を、他の人に引き起こさせて、最初誰にどのように感じていたのかを明確化することが困難になる場合が少なくない。

【合理化 rationalization】 個人が、誤ってはいるが、安心できるような、また、自分に役立つような説明を作り上げ、自分自身の思考、行為または気持ちの本当の動機を覆い隠すことによって、情緒的葛藤や内的または外的ストレス因子に対処する。

【反動形成 reaction formation】 個人が、自分自身が受け入れることができない思考または気持ちをまったく正反対の行動、思考、または気持ちに取り替えることによって、情緒的葛藤や内的または外的ストレス因子に対処する（これは通常、抑圧と一緒に生じる）。

【抑圧 repression】 個人が、混乱する願望、思考、または経験を意識的気づきから排除することによって、情緒的葛藤や内的または外的ストレス因子に対処する。その気持ちの成分は、それと関連した観念とは切り離されて意識の内にとどまっている。

【自己主張 self-assertion】 個人が、自分の気持ちおよび思考を強制的または操作的ではない形で直接に表現することによって、情緒的葛藤や内的または外的ストレス因子に対処する。

【自己観察 self-observation】 個人が、自分自身の思考、気持ち、動機、および行動を内省し、適切に反応することによって、情緒的葛藤またはストレス因子に対処する。

【分裂 splitting】 個人が、感情状態を相反する２つの区画に分けることによって、情緒的葛藤や内的または外的ストレス因子に対処するものであり、自己または他人の好ましい性質と好ましくない性質とを１つの一貫した像に統合できないでいる状態である。両価的な感情を同時に体験することができないために、自己または他人についての釣り合いのとれた見方や期待が情緒的気づきから排除されている。自己および対象の像は、正反対の極に対立する傾向がある。それは、完全に愛すべき、力のある、価値のある、思いやりのある、そして優しい像と、完全に悪く、憎らしく、怒っていて、破壊的で、拒絶的で、価値のない像である。

【昇華 sublimation】 個人が、非適応的になる可能性のある気持ちや衝動に対して社会的に受け入れられる行動にはけ口を求めることによって、情緒的葛藤や内的または外的ストレス因子に対処する（例：スポーツを攻撃衝動のはけ口にする）。

【抑制 suppression】 個人が、混乱する問題、願望、気持ち、または体験を意図的に考えないようにすることによって、情緒的葛藤や内的または外的ストレス因子に対処する。

【取り消し undoing】 個人が、受け入れることができない思考、気持ち、または行為を否認したり象徴的に修正したりするために作り出された言葉または行動によって、情緒的葛藤や内的または外的ストレス因子に対処する。

出典：『DSM-IV-TR 精神疾患の分類と診断の手引』医学書院、2003年

るときには、クライエントに心像歪曲水準の防衛が活性化している可能性を考えてみる必要があります。いつもの自分と違う反応をしているとき、通常の役割以外のことにまで手を拡げようとしているときなども要注意です。これらについては、**投影／投影性同一視**として後述します。

　以上、パーソナリティの評価について述べてきました。自我機能として包括されていた精神機能・心理機制の多くを、ここでは**パーソナリティ**として整理・集約しています。関係性を重視すると、「個体（個人）の自我機能」よりも、パーソナリティの方がしっくりくるということだと思います。国際的な診断基準では、パーソナリティ障害の診断概念を子どもに当てはめることには否定的ですが、操作的な診断基準に合致するかどうかはともかく、パーソナリティを評価することはあらゆる年代のケースにおいて有用です。

(6) 心理的資質 psychological mind の評価

　心理的資質は前記のような自我機能や対象関係などを総合的に評価して、治療の方法を選択するための項目です。もともとはその人が精神分析の対象になるかどうかを評価するための項目でしたが、もう少し広く捉えて、心理療法的アプローチをうまく活用できる人かどうか、どのようなアプローチなら有効に活用してもらえそうかをアセスメントするための項目と捉えてみてください。

　評価のポイントは、病識はあるか、自分や家族に関して適切な問題意識を持っているか、自己理解の程度はどうか、内省する力はどのくらいか、内的・心的なものと外的・現実的なもの（自他の違い、心の中と外の違い）を区別でき

るか、抽象的な思考や比喩の使用はできるか、援助者と協力して問題を解決しようとできる人間関係の安定性があるか、などです。

　もう少し広く捉えようと言ったのは、精神分析療法や洞察的・表出的な心理療法の対象にはならなくても、こうしたアセスメントによって、その人に合った心理療法的アプローチの進め方を検討できるからです。内省力があまり高くないとすれば、洞察的な面接よりも適応的な行動を増やすようにはたらきかけようとか、抽象的な思考が苦手だとすれば具体的なアドバイスを心がける、などです。

　また、「この人は洞察的・表出的な心理療法には向いていない」というアセスメントに至る場合にも二通りのパターンがあるように思います。一つは本当にそうである場合、もう一つはその人が援助者に（多くは無意識的に）そう思わせている場合です。後者のパターンについては、後述する**投影**や**投影性同一化**を参照してください。

（7）生物的－心理的－社会的に捉える

　全人的理解とか whole person などと言い替えることもできますが、生物的－心理的－社会的な視点は単なる理想論やお題目ではなく、ケース・マネジメントに役立つ、具体的で実践的なアセスメントの方法論として活用できます（資料2、3）。この方法については拙著『アセスメント技術を高めるハンドブック――ケースレポートの方法からケース検討会議の技術まで』をご参照ください。

（8）自己愛の病理について

　自己愛という概念は、**健康的な自己愛や自我の活力源**と

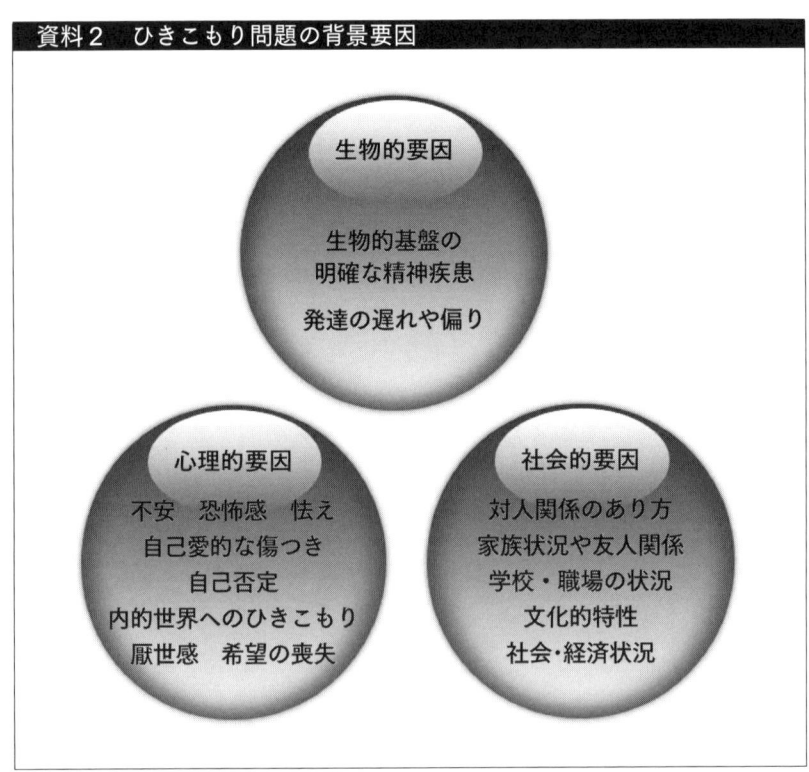

資料2　ひきこもり問題の背景要因

しての自己愛といった考え方から、万能的・破壊的な病理現象として捉える立場まで、かなりの多様性があることを踏まえておく必要があります。前記の自己肯定感は自分の活力源になるような健康的な自己愛を指すものと思われます。また、**自己愛の病理**という用語にもいくつかの観点があります。ここでは、4つの観点に分けておきます。

　第一に、美少年ナルキッソスの神話を引用したリビドー論・欲動論的な観点があります。フロイトは統合失調症の誇大妄想や心気症などを、対象に向かうべき**リビドー**（ここでは"強い関心"と言い替えておきます）が自分に向き

資料3　アセスメントのためのフォーマット

インテイク(情報の収集・整理)	アセスメント(評価)			プランニング(支援計画策定)
情報 (見たこと、聴いたこと、データなど)	理解・解釈・仮説 (わかったこと、解釈・推測したこと)		支援課題 (支援の必要なこと)	対応・方針 (やろうと思うこと)
	本人について	生物的なこと (疾患や障害、発達の遅れ・偏りなど)	①	
		心理的・情緒的なこと、行動上の特徴(不安、希望、気分、感情統制など)	②	
			③	
			④	
		社会性・対人関係の特徴	⑤	
			⑥	
	環境について	家族	⑦	
		学校・職場		
		友人・近隣など	⑧	

かえられている病態であると考えました。同様に、統合失調症の中核症状である自閉を**対象への備給**（"関心を向けること"と言い替えておきます）をひき揚げ、自己に向ける状態への退行と概念化しています。これらが精神分析的な自己愛論のオリジナルです。

　第二に、**自己愛パーソナリティ**といわれるようなパーソナリティ障害、ないしはパーソナリティ傾向としての観点があります。DSM-5では、自己愛パーソナリティ障害は誇大的で、自分を特別な存在だと感じており、他者への共感性を欠く人として定義されています。また、これとは対照的なタイプを含めて、**周囲を気にしないナルシシスト oblivious type** と**周囲を過剰に気にするナルシシスト hypervigilant type**、あるいは**皮の厚い（鈍感な）ナルシシスト thick skinned** と**皮の薄い（敏感な）ナルシシスト thin skinned** といったサブタイプも提唱されています。ハーバート・ローゼンフェルトは皮の薄いタイプについて、子どもの頃から繰り返し自尊心を傷つけられてきており、自分のことを極端に劣っていて恥ずべきもの、すべての人から拒絶されているものと感じているような過度に敏感な人たちと説明しています。

　第三に、自己愛の肥大と傷つきという両極を揺れ動くような**自己評価 self-esteem のあり方**を自己愛の病理の特徴的な表れとして捉える観点があります。

　第四に、自己愛的な傾向の強い人に特有の対象関係に関する観点があります。**自己愛的な対象関係**は、他者を自分の延長物、自分の一部と捉えるような自他の未分化な関係性です。そのため、自己愛の病理は他者と分化・分離した感覚が自分の一部を失うような深刻な対象喪失として体験

される基盤となります（「6.対象喪失概念をアセスメントに活かす」「9.家族を力動的にアセスメントする」を参照してください）。

第1部 まとめ

　まず、精神力動的精神医学の成り立ちについて述べました。ウィーンで創始された精神分析とアメリカ流の生物-心理-社会的な人間理解との出会いが精神力動的精神医学を生み出しました。フロイトは1909年にアメリカに招かれており、そのときの講演が重要なきっかけになったようです。一部の書籍には、アドルフ・マイヤーがフロイトを招聘したと記述されていますが、正しくはクラーク大学の学長であった心理学者スタンリー・ホールの招聘によって実現した訪米であり、マイヤーはこのときの聴衆の一人だったそうです（馬場禮子先生が綿密な文献調査をしておられます）。

　次に、精神力動的診断・アセスメントの基本的な枠組みについて述べました。医師の中には記述的・操作的に診断できれば、それでアセスメントが終了したかのように考える人もいると思いますが、精神科の急性期治療以外の領域では医学診断だけで治療・支援方針を組み立てることができるケースはそう多くはないと思います。また、医療においても、保健、福祉の領域においても、「この人はどんな人か」というアセスメントがあって、はじめてその人への関わり方が見えてきます。

　とは言いつつ、私自身も研修医の頃には指導医から「この人ってどんな人？」と質問され、いつも答えに窮していました。「パーソナリティの評価」で示したように、漠然と感じていることを自分の言葉にする（言語化する）こと、また、いくつかの軸に沿って整理してみること、そして第2部で取り上げる「逆転移を活用するコツ」を身に付けることが早道、近道だと思います。

第2部 精神力動的診断の方法

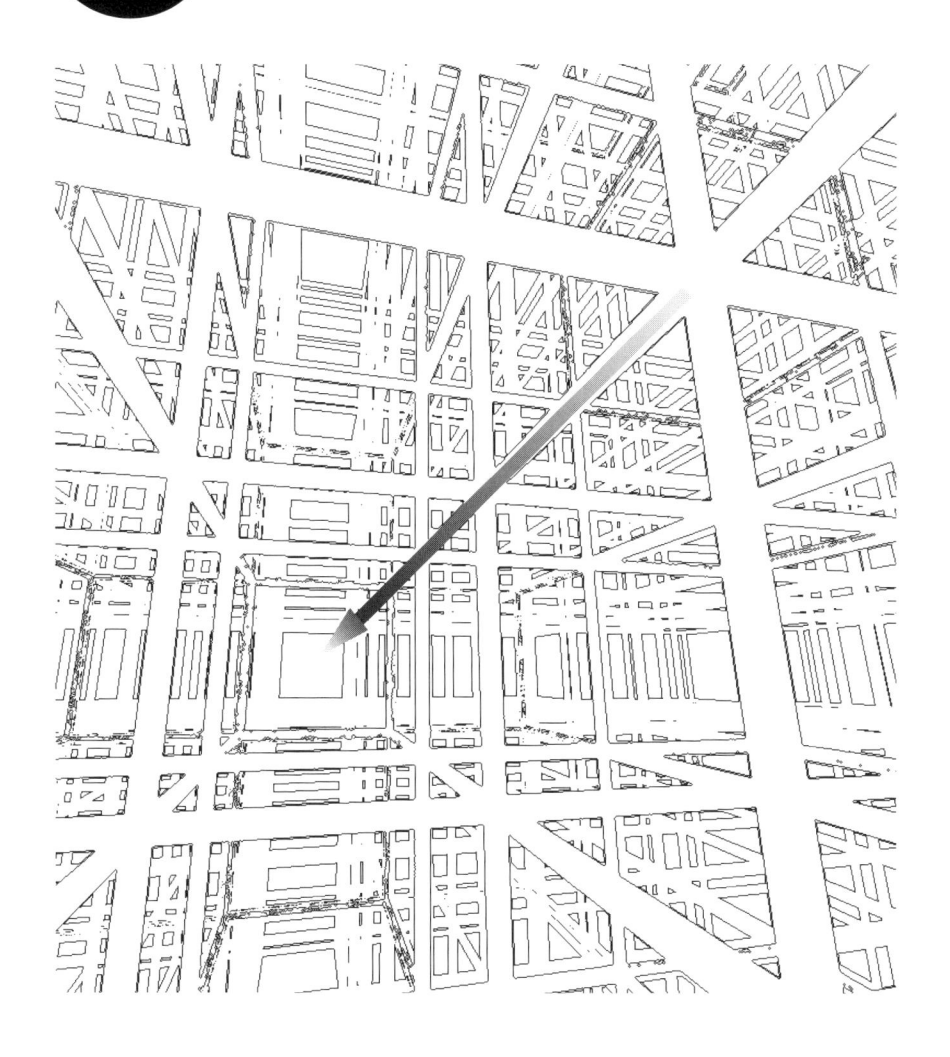

5. 精神力動的な診断・アセスメントのための面接

　ここまで力動的診断に必要な各項目について説明してきました。次に、それらを評価しようとするときの情報収集の方法・視点について考えてみたいと思います。

（1）面接の進め方
　まずは、面接の進め方です。力動学派、とくに関係性を重視する立場の臨床家に共有されているのは、おおむね以下のような方法だと思います。

- すぐに反応したり、提案したり、説得したりせずに、まずはクライエントの話をじっくり聴く。
- 基本的にはオープンに、ときには「……について、もう少し聴かせてください」と話題を絞る。
- 曖昧なときには、「……ということですね」と明確化する。
- 何か経験談が語られたら、そのときどのように感じたのか、どのような気持ちになったのかを訊く。
- 「なるほど」と相槌を打ち、「その気持ちはよくわかります」とフィードバックする。
- 話の進め方や語られている内容と同時に、言葉の背後にある「思い」を想像する。

- 家族や周囲の人たちに、どのような感情を抱いているのかを訊く。
- 家族について訊くときは、家族成員の関係性に注目する。
- クライエントが意識できていないこと（欲求、葛藤、感情、記憶、矛盾など）を想像する。
- 症状の背後にある葛藤がどのような経緯で生じているのかを考えながら聴く。
- 繰り返されている対人関係のパターンに注目する。
- クライエントの語りの主語を「治療者」「父親」「母親」などに入れ替えて考えてみる。
- 自分自身の心（逆転移）に耳を傾ける。
- 自分の感情、心に浮かぶ考えや空想をクライエントや治療関係の理解につなげようとしてみる。
- 問題が生じるまでのストーリーを組み立て、クライエントや家族に確認してみる。
- 想定したストーリーは、新たな理解が加わるたびに追加・改訂する。

　精神分析や精神分析的心理療法の診断面接では、育ちに関する"事実関係"を数回に分けて詳細に聴き取ることが多いと思いますが、どちらかといえば、本人に対しては「どのように育てられたと感じているか」「自分がどのように育ったと考えているか」「育ちと今の自分との間に、どのような関係があると思うか」といった主観的体験に意味があるようにも思われます。成人や高齢者の場合は、これまでの生活歴やライフイベントを一通り話してもらうことになります。事実関係だけでなく、やはり主観的体験、

つまり、その人にとってどのような体験であったかが重要です。

家族から子どもの育ちや、どのような養育をしてきたかを聴かせてもらうときには、たとえば、授乳や離乳、トイレット・トレーニングに対する反応、遊び方、初めての登園・登校の際に示した反応、友だちとの関係、思春期における身体変化に対する反応などを訊くことが多いと思いますが、成育歴や生活歴における特定の出来事や養育姿勢・方法と現在の問題とを直接的・因果論的に捉えるよりは、子どもにどのような欲求、感情、自己イメージを投影しているか、たとえば、「この子の出生や育ちをどんなふうに感じてきたか」「この子はどんな子だと感じているか」に注目する方がよいかもしれません。

(2)「いま、ここで」の視点

「尿意が気になって授業に集中できない」という女子生徒の相談ケースがありました。こうしたケースでは、面接の進め方は何通りもあります。たとえば、授業中の尿意はいつ頃から始まったのか、その頃に何かライフイベントはなかったかを訊いてみるかもしれませんし、その症状はどんなときに起きやすいか、どの教科のときに起きやすいかを訊いてみる手もあります。あるいは、困ったときの対処方法に焦点をあてる面接方法も考えられます。

「いま、ここで」の視点とは、その人が面接場面で感じていることに注目することです。たとえば、その子が面接中に「私はちゃんと話せているでしょうか？」「私の話はちゃんとわかりますか？」と何度か確認したとします。援助者はそのことに注目して、「ちゃんとしていないことが

不安なのではないか」「失敗することがとても心配なのではないか」「失敗恐怖が失禁する不安として現れているのではないか」と考えて、その可能性についてクライエントと話し合ってみる。こういうのが「いま、ここで」を取り上げる方法です。「あのとき、あそこで」を話し合うよりずっとリアルだと思います。もし、そういう不安を抱いていることが確認できれば、その不安を抱くようになった経緯や生活史、家族関係などについて話し合えるようになるかもしれません。

(3) 自分に転移・投影されているものとして考えてみる

（広義の）**転移**は初回面接から生じます。初対面の援助者に対して、クライエントはさまざまな印象を抱きます。あるクライエントは「親切で優しそう」という印象をもちます。同じ援助者に対して、別のクライエントは「厳格で認めてくれない」という印象をもちます（尿意が気になる女の子が援助者に投影していたのは、こんなイメージかもしれません）。さらに別のクライエントは「怒りっぽくて怖そう」という印象をもちます。転移の始まりです。

面接を重ねると、自分に親しみを向けてくるクライエントに対して援助者がさらに親切になるかもしれません。あるいは、毎回、ビクビクしたような態度を示し、「怒っていませんか？」「怒っているでしょう？」と繰り返すクライエントにだんだん苛立ってきて、「怒っていませんよ！」と本当に怒ってしまうかもしれません。こうした援助者の反応によって、クライエントの想像は現実のものとなります（**実演、エナクトメント**）。いずれの場合もクライエントにとっては馴染みのパターン（**反復強迫**）であろうと思

われますが、後者の場合、本来はとても不自由な対人関係パターンであり、顕在的な主訴が何であれ、本当に解決すべき問題はそこなのかもしれません。

　ここで起こっているのは、**投影**ないしは**投影性同一化**と呼ばれる心的機制、ないしは防衛機制を介した治療・援助関係です。一般的な心的機制としての投影性同一化は、たとえば、「我を忘れて他者に感情移入すること」を指します。この場合、共感との違いは「我を失っている」という部分でしょう。また、防衛機制としての投影は、「自分の中にある受け入れがたい衝動、願望、感情などを外在化し、外界や他者に属するものとして認識するもの」、あるいは「（感情や願望ではなく）分割された（切り離された）自己の一部分（たとえば、破壊的でサディスティックな悪い自己）が排出・排泄され、（自分の中にではなく）対象の中にあると認識すること」と定義されます。こうした心的機制によって、迫害的な（迫害的にみえる、迫害的に感じられる）対象に脅かされることはあっても、自分の中にある愛情に満ちた良い対象と愛されている良い自己との結びつきが、悪い対象と悪い自己との結びついた内的世界から距離をとり、守られることになります。言い換えれば、「良い自己−対象」の世界は実に幸福で暖かく、「悪い自己−対象」の世界は死に瀕するほどに凄まじく不幸であり、そのような両極の心的布置がほどほどに中和され、同時に体験できるようになるのは、まだ先の話だということです。

　また、投影された衝動や感情、あるいは自己の一部は受け手によって体験され、ときには微妙に、ときには強力に

受け手に圧力を与え、行動化させます。つまり、投影性同一化は、「（無意識的に）対象や外界をコントロールする」、あるいは「コミュニケートする（伝える）」という心的機制でもあるわけです。したがって、援助者は常に自分の気分や感情、心に浮かぶ考えをモニターし、それらをクライエントや治療関係の理解につなげる姿勢を維持する必要があります。

「怒っていません！」と怒ってしまう前に、自分が苛々した気分や腹立たしさを感じ始めていることを自覚し、そこからクライエントと自分との間で生じている関係性に思いを巡らせることができたとすれば、①何らかの部分的な要素、たとえば援助者の性別、年齢、容姿、表情、態度、言葉遣い、職種、職業的な立場、面接室のセッティングなどにクライエントが反応した可能性があること、②それはクライエントのこれまでの重要な人間関係に由来するもの（転移）かもしれないこと、③最初に怒りやイライラ、不信感を抱いたのは援助者ではなく、クライエントかもしれないということ、④その怒りや不信感（あるいは、怒りや不信感を抱く自己）がクライエントには受け容れ難いものであったために、クライエントの内的世界から分割・投影され、援助者が感じていることと見なされている可能性があること、⑤そうだとすれば、クライエント自身はその怒りや不信感を自分のものとしてリアルには体験していないこと、⑥援助者がイライラして怒ってしまった結果として、"怖い年長者と怯える彼"という過去から現在に至るお馴染みの関係性がそこに再現されている可能性があること、⑦本当の本当は、彼はそのことを援助者に伝えたいのかもしれない、などに思い至るかもしれません。

そうすれば、彼が恐れを感じてきた人とは誰なのか、その関係が援助者との間でも繰り返されていないかどうか、彼の恐れは本当の本当は彼自身の怒りや不信感に由来しているのではないか、彼が怒りや不信感を抱いたのは援助者のどのような部分に対してなのか、などを話し合ってゆくことができますので、面接の展開もその後のクライエントとの関わりも大きく変わってきます。
　このように、自分の感情や心に浮かぶ考えを逆転移として認識し、そこからクライエントの生活史や家族関係と結び付けて考えてみたり、想像してみることができます。そのためにも、自分の気分や感情、心に浮かぶ考えなどを、「この人と自分とのどのような関係において生じているのだろう」とか、一旦は全て「クライエントから投影されたものかもしれない」と考えてみるようにします。
　いまはその一例として怒りを取り上げましたが、「この人を何とかしてあげたい」「具体的な打開策を自分が考えてあげなければならない」「処方薬を増やそう」「情緒的な交流を深めたい」「あまり深くかかわらない方がよさそう」「この人には何をやっても無駄だ」「こんな面接はやめた方がいいかもしれない」「完全に八方ふさがりだ」「自分は本当にダメな援助者だ」などなど、自分の中に生じる感情、情緒、考え、ぼんやりとした空想などの全てが検討の対象になります。「自分が何とかしてあげなければ……」と焦りを感じるときはクライエントが自らの能動性に伴う攻撃性や破壊性を恐れ、その能動性を無意識的に放棄・分割、投影しているのかもしれませんし、援助者が体験している「八方ふさがり」はクライエントがこれまで経験してきた感情そのものかもしれません。

厳しい治療状況では、そのような視点や意識がどこかへ吹っ飛んでしまうこともしばしば経験します。傾聴することは面接の基本中の基本とされていますが、厳しい語りをしっかり聴くという仕事は実際にはなかなか難しいことですし、目に見えない圧力に持ちこたえられるだけの足腰の強さが求められます。クライエントが「この援助者は自分の体験してきたことに耐えられないらしい」と感じれば、重要なエピソードや情緒は二度と語られないかもしれませんし、「自分の中に他者を脅かす悪いものがある」と感じるかもしれません。逆に、妙にうまく進む面接も要注意です。

　本書はアセスメントを深めることを意図して執筆されていますが、この辺りからアセスメントと治療との区別が難しくなってきます。「しっかり受け止めて理解すること」は、アセスメントするという点においても、治療的であるという点においても、あらゆる治療・援助に必要なことです。

(4) 自分の理解を伝えてみる

　クライエントのことやクライエントの抱えている問題、あるいは、特徴的な治療・援助関係に関する理解や推測がある程度の形を成してきたら、どのようなタイミングで、どのように伝えてみるかを、じっくり考えてみます。理解・推測したことを伝えてみるときは、断定調にならないように気を付けます。クライエントが否定したり、自分の言葉で言い直したりすると、さらに理解が深まったり、お互いにしっくりくるような結論に至ることが少なくないからです。上記の場合であれば、「**初回の面接でお父さんの厳格さについて話しておられましたが、私にもそのような**

厳格さや怖さを感じておられるということは考えられないでしょうか」「厳格なお父さんに怖さを感じてこられたと思うのですが、同時に反抗したい気持ちや怒りをお感じになっていたかもしれないと思うのですが、どうでしょうか」といった感じです。

　伝えてみた内容にクライエントがすぐに同意しないからといって、その理解や仮説が誤っているとは限りません。クライエントにとって今はあまりにも認めがたく、ある種の葛藤、欲求、感情、記憶などを意識化できないだけかもしれないからです。そういうとき、それ以上は押し付けようとせず、独り言のように、「そんな気もしますが……」くらいに留めておくこともあります。そのときの治療者のアイデアは、後になってからクライエントに身近なものと感じられ、自分のことを考えるために活用されるかもしれません。

(5) 発達理論に照らしてみる

　症状や問題が発現している状況を発達理論に照らして考えてみることも大切です。フロイトが提示した精神性発達論は、その後の自我心理学においてさらに整理されました。また、幼児性欲や性感帯といった観点については、現在ではかなり相対化されているように思われます。たとえば、口唇期を「口をめぐる幼児性欲」と捉えるよりは、クライエントの症状や関心が、吸う、呑み込む、食べる、与えられる、受け取る、吐き出す、嚙みつく、などの行動として表れやすいことを「口唇期的な傾向が強い」と考えるようになっていますし、周囲の反応を見ながら自分の中にあるものを出すか出さないか、かけひき・コントロールしよう

とする傾向、溜め込む傾向、反動形成によって葛藤に対処しようとする傾向、支配的－被支配的な対人関係パターンを形成しやすい人（パーソナリティ傾向）のことを「肛門期的な傾向が目立つ」と捉えたりします。

　エディプス葛藤を解消できているか、あるいは、エディプス期に至っているかどうかというアセスメントもあります。これによって、二者関係レベルの対人関係で生じる葛藤に対処できずに躓いている人、三者関係になると、嫉妬、ライバル意識、取り残される不安、忠誠心と罪悪感などの複雑な感情を持ちこたえられない人、三者関係を体験することによって初めて生じる複雑な感情を体験し、持ちこたえられる人、といった発達レベルに分けることができます。こうした自我心理学的な精神性発達理論の他には、クライン学派の妄想－分裂態勢と抑うつ態勢、マーガレット・マーラーの分離－個体化理論、ジョン・ボウルビーの愛着理論などをクライエントや治療状況の理解に役立てている臨床家も多いと思います。

　ただし、これらの発達理論については、いろいろな論点があるように思います。そもそもこうした諸理論がどれほどの科学的根拠に基づいているのか、どのくらい確かなものなのかということに疑問や迷いを感じる人、そこで精神分析の勉強や臨床・実践への応用に躓く人は少なくないと思います。また、特定の発達段階への退行と固着を精神障害の原因と見なすのは因果論的で単純すぎるのではないのだろうか、本当に授乳期の問題が口唇期的な症状・傾向につながっているのかどうか、本当にトイレット・トレーニングのあり方がその後の強迫傾向の形成に影響すると考え

るのか、といった点については臨床家によって意見・見解に幅があると思います。クライン派では、大人の精神病的な内的世界は乳児期の心的世界の一部であるという理論的な前提がありますが、これも本当にそのように確信している人と、いくらか相対化して臨床に取り入れている人がいるように思います。

　その一方で、これらの発達理論が病因論としてだけではなく、取り組んでいる治療・支援の進み具合を評価・アセスメントできるという点で有用であることは多くの臨床家に確実に共有されています。重篤で複雑なケースほど、改善している証に目を向ける必要があります。治療の行き詰まりについて考えてみたり、支援計画を見直す必要があるのならもちろんそうすべきですが、改善の兆しを見逃し、「うまくいっていない」という焦りや不安から治療・援助方針がグラグラしてしまっては何にもなりません。こういうときこそ、さまざまな発達論を動員して、「少しずつでも前に進んでいる」「この人／この子は成長・発達している」と評価できるポイントを探します。
　複雑な感情や情緒を意識化・言語化できるようになってきていること、感情や衝動を統制・コントロールする力が付いてきたこと、愛他性や他者への寛大さがみられるようになってきたこと、将来の希望や「なりたい自分（自我理想）」を見出せるようになっていること、他者に依存できるようになってきたこと、他者からの助けを期待できるようになってきたこと、他者の親切に感謝の念が湧いてきたこと、容赦のない攻撃に罪悪感や償いの感情を伴ってきたこと、悩めなかった人が悩めるようになってきたこと、自

分や他者の良い面／悪い面しか見えなかった人が、さまざまな面に目が向くようになってきたことなどです。アンビバレンスというのは相反する複雑な感情を複雑なまま体験できる力でもありますので、白黒型の発想からアンビバレントな悩みを抱えられるようになってきたことは成長・発達と捉えられます。

6. 対象喪失概念をアセスメントに活かす

(1) 対象喪失と喪の仕事

対象喪失は『欲動、愛、依存または自己愛の対象を失う体験』と定義されています。最も理解しやすいのは、親や配偶者、子どもなど、近親者の死に対する心理的反応としての対象喪失でしょう。また、発達の過程には常に喪失が伴います。自己愛の対象としては、立場、役職、役割、アイデンティティなどがあります。

対象喪失に引き続いて生じる心的過程を**喪（悲哀）mourning**、愛着・依存の対象から徐々に離脱していく過程を**喪（悲哀）の仕事 mourning work** といいます。もしも、失った対象に対してもともとアンビバレントな感情を抱いていた場合や、自分の攻撃性が対象を殺してしまったといった内的体験になっている場合には、対象喪失体験と mourning work は複雑なものになります。たとえば、もともとは父親に恐れを抱いていて、性格的にも抑制の強い人が初めて父親に怒りを爆発させたその翌日に、突然の心筋梗塞で父親が亡くなった、といったような場合です（臨床家にとっては、こういうことが世の中でしばしば起こっているように感じられますが、臨床例になるようなケースは、いろいろな巡り合わせの結果として問題が生じているのかもしれません）。

またフロイトは、正常な悲哀の心理過程と比較すると、病的なメランコリーが生じるのは、失った対象と自己が情緒的に未分化（自他の区別が曖昧）であった場合、つまり、失った対象を自分の一部であるかのように体験（**自己愛的同一化**）し、対象喪失が深刻な自我喪失につながっている現象として説明しています。つまり、喪失体験そのものだけなく、それ以前の対象関係の質や失った対象との関係性が喪失体験に大きな影響を及ぼすわけです。

　こうした知見を日常的に治療・支援に活用しているのは、うつ病治療、がん治療、終末期医療、高齢者介護、障害者福祉、中途障害者を対象としたリハビリテーション医療、自死遺族への支援、障害児の養育者支援などの分野でしょう。自分の死を悟った人が死を受容するまでのプロセス、自分の老いや身体機能の低下を受容するプロセス、身体的ハンディキャップを受容するプロセスがどのように進展もしくは停滞しているのかという視点をもつことで、援助者は生じている状況・事態を把握しやすくなりますし、クライエントに共感しやすくなります。

　また、外傷的な対象喪失体験がさまざまなメンタルヘルス問題に関連している場合がありますので、家族のアセメントとの関連で後述したいと思います。

(2) 躁的防衛 manic defense

　メラニー・クラインは mourning work の課題を、失った対象との和解、償い、そして心の中に良い対象として内在化されたものとして体験できるようになることと位置付けました。また、抑うつ感情や罪悪感などの心の痛みに耐えられないときに、その不安や苦痛を排除するために活性

化する防衛メカニズムの一つを**躁的防衛**と呼びました。躁的防衛は、万能的コントロール（たとえば、「自分が望めば、失った対象はいつでも取り戻せる」と感じること）、失った対象の脱価値化や軽蔑感、勝利感、征服感などから成り、サディスティックで爽快な感情と理想化された万能的な空想に耽ることになります。

　本来は mourning work の進展を支えることが重要な治療・支援課題となるはずのケースにおいて、治療・支援が行き詰まり、停滞しているときには、躁的防衛の解決が当面の課題となることが少なくありません。また、被虐待などの過酷な体験をめぐる記憶やそれに伴う感情・アンビバレンスなどを躁的に防衛することによって、深く考えることも、悩むことも、落ち込むこともできないという心理的問題が生じていることもあります。

第2部 まとめ

　第2部では、具体的な面接の進め方と、アセスメントに役立ついくつかの「目の付けどころ」について述べました。発達理論や対象喪失概念など、理論的な知識も役に立つと思うのですが、ここでは「自分の心」を活用する方法を強調しました。これは精神力動的精神医学、精神力動的診断・アセスメントのユニークなところですし、優れて臨床的・実践的でもあります。とくに、他者に自分を見せようとしない人、たとえばシゾイド・パーソナリティの人や緘黙の子どもと向き合い、彼らを少しでも理解しようとすれば、「自分の心」に目を向ける以外にはほとんど手立てや手がかりがないこともあります。さまざまな感情や空想に心を開き、そこからじっくりとアセスメントを練り上げることを心がけましょう。

第3部 精神力動的観点の応用

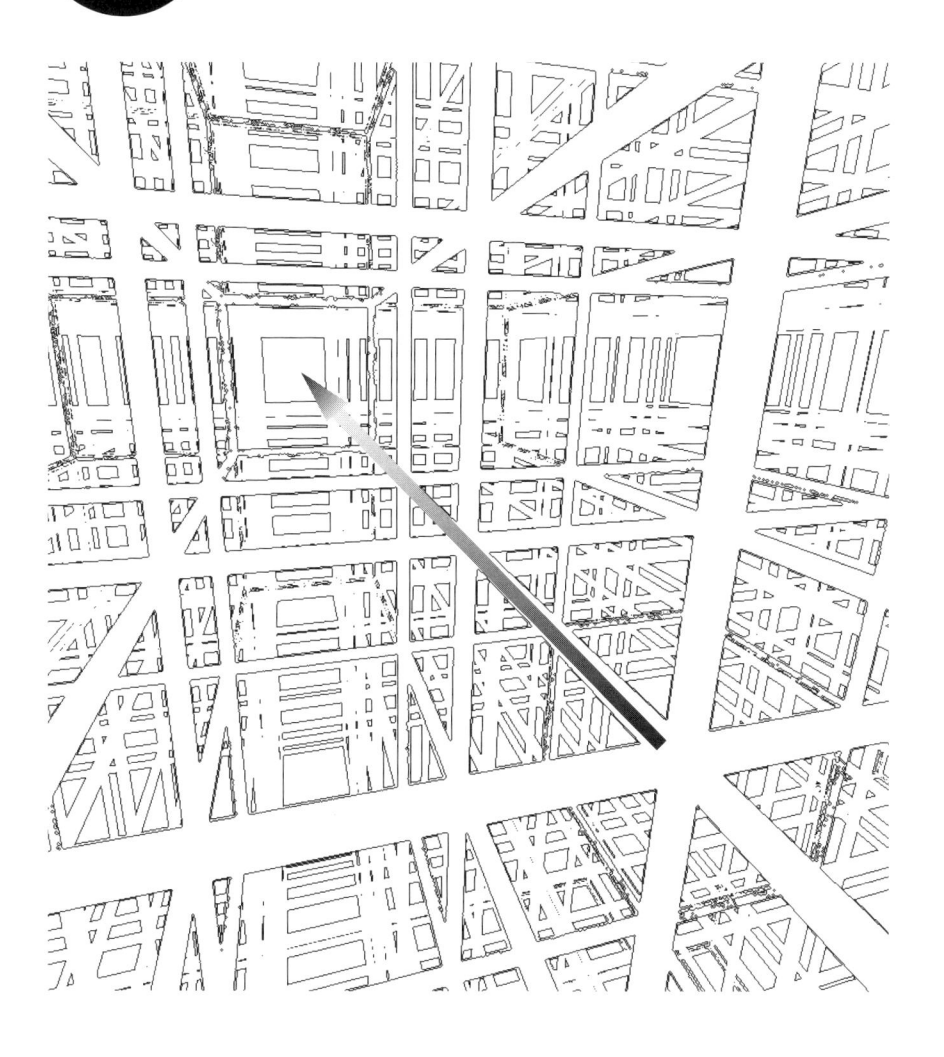

7. 薬物療法をめぐる力動的な視点

　治療関係がコンプライアンス（服薬の遵守）に影響することがあり得ますし、治療関係や治療者の逆転移が薬物療法の処方に影響を与えることもあります。こうした場合、薬物療法の標的症状となる精神症状や行動上の問題と処方薬の整合性を評価・アセスメントすることも必要ですが、より本質的な問題は患者が体験している不安や処方をめぐる治療者－患者関係です。

（1）治療抵抗とコンプライアンス
　患者が処方された薬を内服するか、しないかを判断する際に転移が影響していることがあります。たとえば、口唇期的な問題（たとえば、与えられる／受け取る／口にすることをめぐる葛藤）のために処方薬を飲みたくない／受け取りたくないと感じる人がいます。また、権威的な父親のイメージが治療者に投影／置き換えられている場合、拒薬に対して医師が不機嫌になったり、命令的な口調で服薬を指示すれば、治療者は悪い父親と同一視され、さらに悪循環が生じることになります。
　グレン・ギャバードは、抗うつ剤を処方されることで、「治療者が自分の話を聴きたくないのだ」と感じたり、「黙れ」と言われたかのように体験していた女性患者との間で、

彼女が父親や夫との関係において同じような体験をしてきたことを話し合うことによって安心して内服できるようになった症例を提示し、「副作用のこと以外に、薬を飲むことで気になることはありませんか」「処方する医師に対して、どのような気持ちを抱きますか」といった質問が生産的であると述べています。

　他の例としては、たとえば援助者や家族に「薬が効いた」と判断されることで、せっかくの自分の努力が無視されているように感じられ、そのために内服を拒む人がいます。あるいは、治療者や周囲の人たちから「病人」として扱われることに強い抵抗感を抱いていると思われる人もいます。こうした場合には、「薬を飲むと、周囲の人たちからどのように思われると感じていますか」「これまでにも同じような経験をしたことがありますか」と訊ねてみると、その人にとって大切なエピソードが語られるかもしれません。

　子どもの場合には、家族や教師の配慮が足りなかったことから他の子どもに内服していることを知られてしまい、からかいやいじめに発展するようなケースもありますので、投薬を受ける人、内服する人の心境や周囲との関係、治療者との関係などにも留意しておく必要があります。

(2) 治療者の無力感と過剰な処方

　次に、治療者の逆転移が処方に影響を与えている場合を考えてみたいと思います。一つは多剤・大量の薬物投与との関連です。治療者が治療に行き詰まりを感じていたり、「何をやってもよくならない」「自分が役に立っていない」といった気持ちに突き動かされ、次第に薬の種類と量が増

え、いつの間にか、普段の自分では考えられないような多剤・大量の処方に至っていることがあるかもしれません。

　入院治療の場合には、主治医よりも患者に近い立ち位置にいる看護スタッフの困惑や混乱が結果的に処方にまで影響を与えることがありますし、極端な場合には、患者ではなく、(無意識的には)チームの不安や混乱を鎮静するために追加投与が検討・選択されている可能性についても心を開いておく必要があります。

　もう一つ、診察が終了する間際に追加投与を思いつくような場合があります。この場合も、患者や家族の期待に応えられていないといった逆転移について点検してみる必要があります。患者や家族に対して、「このまま返す(放り出す)ことはできない」「おみやげを持たせてあげなければいけない」といった気持ちが生じていることもあり、よくよく振り返り考えてみると、合理的・科学的な理由よりも自分自身の不安や無力感が処方に影響を与えているという事実に気付くかもしれません。治療者の無力感について考えてみることを通して、そのケースに特有の治療者−患者関係やそのときの治療状況、患者のパーソナリティについて理解が深まれば理想的です。

8. 入院治療や入所施設における力動的なアセスメント

(1) これまでの対人関係の再現と考えてみる

　面接場面と同様に、病棟や施設での言動を、その人がこれまで経験してきた対人関係の再現として捉えられるかどうかを考えてみます。たとえば、虐待を受けてきた子どもには、情緒、行動、社会性・対人関係、習癖、注意・集中力など、さまざまな領域にわたって問題が生じていることが少なくありません。それらの多くは、虐待によって生じた病理的な問題です。彼らがリアルには受け容れ難いような過酷な体験が分割・排除・投影される結果、被害感を抱きやすく、周囲とのトラブルが頻発するのかもしれません。また、今度は自分が激しい攻撃者になる人もいます。いずれの場合も、病棟や施設では問題行動、迷惑行為とみなされるようなものです。

　こうした言動を「良いか、悪いか」という基準で評価するべきではありません。「悪い行動」という評価のもとにスタッフが処罰的、懲罰的、あるいは無視するような対応を選択すれば、患者・入所者がこれまで体験してきたことの反復になります。ここまで述べてきたように、虐待を受けてきた子どもや過酷な体験を生き延びてきた人が投影／投影性同一化を通して無意識的に周囲の人たちに自分を虐待させることは充分にあり得ます。その患者・入所者が経

験してきた過酷な過去を再体験させないこと、悪い対象関係をいま以上に強化させないということは常に留意していなければなりません。重要なのは、患者・入所者が予期していない非報復的・非虐待的な反応です。根気の要る作業にはなりますが、その積み重ねを通して安全で良い対象関係、つまり良い対象－自己の内在化が進むはずです。

　そのためにも、面接場面と同様、病棟・施設などの生活場面でも、スタッフは自分の気分や感情、心に浮かぶ考えや空想をモニターし、それらをクライエントや治療関係の理解につなげる姿勢を持ち続けることが重要です。グレン・ギャバードは、他職種チームの共通言語として転移－逆転移モデルが有用であると指摘しています。チームのメンバーは、「この人は、これまでの経験から、これこれこういうパーソナリティや対人関係の特徴がある人で、スタッフに対してこんな感情を抱きやすいし、スタッフ側にはこんな逆転移が生じやすい」というアセスメントを共有するわけです。

　たとえば、「母親から無視されたり、兄弟間差別を経験してきた人です。入所した児童養護施設で職員の指導に不信感や被害感を募らせ、激しく反発して入院に至っています。入院後もスタッフの対応に被差別感や被害感を抱きやすいことがわかってきたところです。爆発的な興奮に対しては行動制限などの対応をせざるを得ませんが、その際にもできるだけ懲罰的にならないような工夫が必要ですし、**女性スタッフは腫れ物に触るような対応になりがちなので、男性スタッフの役割が大きいと思います**」といった感じです。児童・思春期精神科病棟への何回かの入院治療と施設での根気強い関わりによって、現在、この人のアセスメン

トは、「最近は、おもに女性スタッフへの甘えやまとわりつきがエスカレートして、しつこくなり過ぎる傾向が目立っています。外来主治医は『甘えたくなる自分が出てきた』というテーマで本人と話し合っているところです。病棟でも女性職員に関わりを求めることが多いと思われます。以前のような爆発性は軽減しているので、女性スタッフも緊張せずに関われるようになっていますが、単なる甘えや依存というよりは大人を微妙にイライラさせるような性質もあるようなので、無視や拒絶と受け止められないような関わりをこころがける必要がありそうです」といったものに変化しています。

　あるいは、「脳梗塞による片麻痺と失語症を受容する過程で躓いている方です。社会的地位が高く、もともと自己愛的な傾向の強い方だったようですが、入院後は若い援助者を見下して怒鳴りつけたり、手足のように扱おうとする傾向がさらに顕著になっており、スタッフには陰性感情が生じやすいものと思われます」といった感じです。こうしたケースでは、上記のような躁的防衛としての視点を加えて、スタッフに対する脱価値化や軽蔑感、征服感と理解することもできそうです。

　こうしたアセスメントは慣れてくればそれほど難しいことではありませんし、ただの診断名よりは関わり方が見えやすく、使い勝手が良いはずです。また、こうした観点は子どもから高齢者まで、健康度の高い人から病理性の強い人まで、あらゆる治療・支援対象に応用できますし、専門職の人材育成や治療・支援チームを育てるうえでも役に立つでしょう。

(2)「何かを伝えたいのかもしれない」と考えてみる

　「何かを伝えたいのかもしれない」と考えてみることも重要です。施設に入所中の子どもが騒ぎを起こしました。「あの子がドアを蹴破った」「悪いことをしたのだから注意しなければ」と考えるのはもちろん間違いではありませんが、「こちらに何かを伝えようとしているのではないか？」と考えてみることにも意味があります。もし、援助者があれこれと思いを巡らせ、「自分がきちんと扱われていないという不満や寂しさをわかってほしいのかもしれない」と思い至ったとすれば、一方的な注意や叱責ではなく、その子どもの心情を汲みながらもっと違った関わりができるでしょう。

　これは、上述した投影／投影性同一化の「コミュニケートする（伝える）」という機能に注目した視点です。ただし、本人は「こういうことを伝えたい」とはっきり意識していない場合の方が多いと思われますので、受け取る側の敏感さが問われます。

(3) チームに起きていることをクライエントの理解につなげる

　境界パーソナリティ障害をもつ患者の入院治療において、患者の分割された内的世界が外界に投影され、治療チームに分裂／分割、たとえば密かな対立や仲間割れが生じやすく、そのことが治療の妨げになることはよく知られています。オットー・カーンバーグはチームの分割に早く気付くためのポイントとして、①治療者が妙に懲罰的なとき、②妙に寛大なとき、③批判される患者を誰かが繰り返しかばうとき、④自分以外は誰も患者を理解できないと感じるとき、の４点をあげています。成人の境界例患者だけでなく、

被虐待児の入院治療や施設処遇などにおいてもこうした視点はとても役に立ちますし、同様のメカニズムによって、病院と家族、病院と施設の間に分割が生じる場合もあります。チームや施設の間に生じている分割を、カンファレンスなどを通して解決・整理することができれば、チームの機能は維持されますし、クライエントの分割された内的世界の統合を進めることができるかもしれません。

9. 家族を力動的にアセスメントする

（1）一般的な家族機能のアセスメント項目

次に、家族のアセスメントについて述べます。家族療法には多くの学派がありますが、以下のような項目に準拠して家族をアセスメントとするのが最も一般的と思われます。

① 問題解決の方法と能力
② コミュニケーションと情緒表現
③ 個々の家族成員の役割遂行
④ 家族同士の情緒的な結びつき
⑤ 相互的な行動のコントロール
⑥ 自立と個体化
⑦ 世代間境界
⑧ 価値観と規範
⑨ 家族外システムとの関係

問題や葛藤を解決するために、家族同士でどのようなやりとりをして、どのような方法を見出すかをアセスメントする項目が①と②です。面接場面で実際に話し合ってもらい、その場面を観察するのがよいかもしれません。行動のコントロールというのは、たとえば、親が子どもに適切な生活習慣を身に付けさせる、片付けの嫌いな妻に夫がうま

く頼み込んで一緒に掃除をしてもらう、といった感じです。コントロールする際に暴力や脅しなど、不適切な手段を用いていないかどうかも重要です。

　自立と個体化というのは、年齢に応じて子どもの自立と個体化、自律的な責任性がどの程度まで許容されているか、家族同士のプライバシーが尊重されているかどうか、といったものです。

　これらの項目に沿って家族をアセスメントし、支援課題や介入のポイントを同定・抽出できれば、多くの臨床現場で充分な仕事ができるだろうと思います。また、個々の家族成員の自我機能やパーソナリティをアセスメントすることが必要な場合もあります。さらに言えば、家族という集団は、本来的に個々の家族成員を退行（幼児的な心性を賦活）させやすい性質をもっています。たとえば、カップルや夫婦関係、親子関係においては妄想－分裂態勢が活性化しやすく、些細な出来事から非現実的な疑念や深刻な葛藤（悩み）、被害感、迫害的不安、アンビバレンスなどが生じやすいことは、ご自分の家族関係を考えてみれば容易に想像がつくと思います。また、適度な自立と個体化が阻害されている場合に、家族の間で何が起こっているのかを考えるときにも精神力動的な視点が役に立ちますので、前記の項目に力動的な視点を加えた家族のアセスメントについて考えてみたいと思います。

(2) 対象関係論的な視点

　夫婦関係や親子関係においては、家族成員が他の家族成員に期待している役割があり、これを**役割期待**と呼びます。役割期待には意識的なものと無意識的なものがあり、無意

識的な役割期待としては、一次対象（多くは親）との間で喪失したもの（愛情、依存できる他者など）を分割・排除してパートナーに投影し、同一視する、つまりパートナーに親代理の役割を求めているような場合が典型的でしょう。もともと親代理としてのパートナーを得たいという無意識的な動機付けが強く、そのことが対象選択や結婚に大きな影響を与えることも少なくないので、パートナーが役割期待に応えてくれない場合には夫婦・カップルには深刻な葛藤や対立が生じます。相手を理想化することによってこれらを防衛する場合もありますし、心理的に距離をとることでシゾイド的に防衛しようとすることもあります。また、第三者としての子どもを巻き込むことによって両親の未解決な葛藤が軽減している状況を**三角関係**と呼び、病理的な現象と捉えます。こうした場合には、子どもの自立によって両親間の葛藤が再燃することがありますし、葛藤を回避するために子どもの自立を妨げようとする動きが生じることもあります（一方、**エディプス状況**という三者関係に発達促進的な意義があることは後で述べます）。

　この他、親が子どもに対して子ども時代の自己イメージを投影することによって、子どもの発達や精神健康に大きな影響を与えることがあります。たとえば、極端に否定的な自己イメージを投影し、「あなたはダメな私にそっくり」といったメッセージを伝え続ければ、子どもの自己形成に悪影響を及ぼすかもしれません。また、受け入れがたい否定的な自己イメージを分割・排除し、子どもに投影する結果、たとえば父親から「ぐずぐずした弱虫な」子どもへの叱責・攻撃が続き、そのような心理的メカニズムが児童虐待につながることもあります。子どもが父親自身の受け入

れがたい部分（ぐずぐず、弱虫）ばかりをもっているようにみえて仕方がない、といった感じです。

　いずれも、親は子どもを自分とは別個の独立した一人の人間として客観的に捉えることができず、その捉え方は主観的で投影／投影性同一化によって歪みが生じているものと考えられます。あるいは、自己愛的な対象との関係性をもつ親が子どもを自分の一部、自分の延長物であるかのように捉えていることもあります。子どもがその役割期待を裏切ることによって手厳しく見捨てられる、激しく叱責されるといった恐れを抱いている場合、子どもが自分らしさを獲得・発揮することは極めて難しくなります。

　個々の家族成員が他の家族成員をどのようにみているのか（何を投影しているのか）、子どもは両親の関係をどのようにみているのか、父親は母子の関係をどのようにみているのか、母親は父子の関係をどのようにみているのか、他の家族成員について良い面と悪い面が統合された全体的な対象イメージをもつことができているか、あるいは、投影や置き換えによる対象イメージの歪みがどの家族成員間において生じているか、対象喪失体験が整理・統合されているかどうか、それらが阻害されているとすれば、家族関係がどのように損なわれ、問題解決の力を低下させているかといった視点に基づいて家族をアセスメントし、介入のポイントと方法を探ります。

(3) 世代間境界

　システム論に基づく家族療法、とくに構造論的家族療法では**世代間境界**という概念を重視します。世代間境界という概念は、親世代と子ども世代との境界、親世代と祖父母

世代との境界を意味します。世代間境界の曖昧さを示す具体例としては、たとえば、息子夫婦の子育てに祖父母が過剰に介入している、子どもと母親が結託して父親を排除している、といったものです。

　また、世代間境界は子どもの心理的発達においても重要です。精神分析において最も重視される心的過程に**エディプス・コンプレックス**があります。エディプス・コンプレックスは同性の親にとってかわり異性の親と結合したいという願望、そしてそのために同性の親を亡き者にしたいという願望、これらの願望をめぐる同性の親からの処罰に対する恐れ、という3つの要素によって構成されます。エディプス状況は、近親姦的な欲求の断念と適度な抑圧、同性の親への同一化によって収束し、処罰に対する恐れは超自我の形成につながると理論化されています。

　エディプス・コンプレックスがより良い自我の成長につながるためには、父母の連合と世代間境界が重要です。両親がしっかり連合していて、「お父さんとお母さんには、ぼく／わたしにはわからない2人の世界がある」という気づきがなければ、異性の親と結合したいという欲求をめぐって葛藤が生じることはありません。エディプス状況という三者関係は、嫉妬、ライバル意識、取り残される不安、忠誠心と罪悪感などの複雑な感情を体験する初めての機会になります。つまり、世代間境界は子どもの情緒を広げ、深め、多様化させるためにも重要な条件であると言うことができます。

(4) システム論的アセスメントと力動的アセスメント

　世代間境界が曖昧になっている典型例の一つに、不登

校・ひきこもり状態の男の子が一方的に母親の責任を追及して暴力を振るったりしながらも、強く依存しているようなケースがあります。母子が密着し、それぞれの自立性が失われた状態を**絡み合い enmeshment** といいます（**纏綿状態**という訳語もあります）。父親は母子の二者関係から排除され、両親・夫婦というユニットと子ども世代というユニットとの世代間境界が崩れている状態です。

　精神力動的にはこうした状況をどのようにアセスメントできるでしょうか。たとえば、上記のような現実的・外的なレベルだけでなく、心理的なレベルでも自我境界が揺らぎ、自他未分化な状態が生じています。子どもは自他が分離した感覚や、それに伴う孤独感・喪失感に耐えることができません。激しい無力感や魔術的な万能感が生じ、それらは母親に投影されています。その結果、「何とかしてくれるはず」といった万能的理想化、「何もしてくれない」という迫害感や幻滅との間を大きく揺れ動き、母親をいろいろな面をもった一人の他者としては認識できず、アンビバレンスは体験できません。エディプス・コンプレックスという観点からみれば、こうした状況は前エディプス的結合への退行、エディプス空想の抑圧不全と捉えられます。

　また、貪欲な支配性や投影性同一化によって母親は強烈にコントロールされています。もし、母親が逃げ出そうとすれば子どもは激しい怒りを爆発させるでしょうし、母親の側は「子どもから離れる」という発想すら浮かばなくなっていることも少なくないようです。

(5) 対象喪失体験との関連

　注意深くみていると、個人のメンタルヘルス問題に家族

の喪失体験が絡んでいることは少なくありません。たとえば、不登校・ひきこもりなど、子どもの自立をめぐる問題において、親の対象喪失体験が強く影響していることがあります。近親者の自殺を体験した親がそのイメージを子どもに投影する／置き換えることによって、子どもを心理的に追い詰めることを過剰に恐れ、社会参加に向けたはたらきかけができない、といった場合です。

　親が子どもの自立・個体化を認めがたいときにも、喪失体験が絡んでいることがあります。たとえば、近親者との外傷的な死別体験のため、子どもが独りで考える時間と場所を保証することができず、執拗に関わりを求め続け、かえって関係を悪化させていたお母さんがいました。あるいは、ひきこもっている弟が極端に痩せていて、食が細く、自分の手料理しか食べないという理由で、食事の支度を休んだり、家を空けたりしたことがないと語った女性もいました。この人には、末期がんで痩せ細っていく母親を独りぼっちで看病し、看取ったという外傷的な体験がありました。

　ひきこもりケースは、本人は受診・来談せず、家族だけが相談に訪れることが多いという特徴があります。また、長期化・深刻化しているケースでは、家族の問題解決能力が低下し、子どもの体験に耳を傾け、今後のことについて冷静に話し合うといったことができないケースが少なくありません。こうした状況に、親の喪失体験が関連していることがありますので、いくつか事例を示します（いくつかの事例を併せて構成し、年齢、性別などにも修正を加えた架空事例です）。

事例1

　19歳の長男は大学進学と同時にアパート生活を始めたが、2カ月後には講義に出席せず、閉居に近い生活を送っていることがわかり、親が実家に連れ戻した。その後もひきこもったまま1年が経過し、母親が相談機関を訪れた。

　母親によれば、夫（父親）は幼児期に数年間にわたって親戚に預けられ、中学卒業後には親元を離れた体験があるという。一方、母親は幼児期に事故死した姉の生まれ変わりとして両親の溺愛を受け、いまだに親の干渉から自立できないという葛藤を抱えていた。母親は夫の酒癖と過剰な依存傾向を嫌い、結婚当初から何度も離婚について考えたが、実家に戻ることには抵抗感が強く、子どもの手を引いて、あてもなく歩き回ったことが何度もあると話していた。

　父親は早すぎる自立を迫られた外傷的な喪失感を否認しており、同時に、自らの依存傾向を自立できない長男に投影し、酒が入るたびに「おまえは甘えている」と激しく長男を罵倒していた。母親も「ぐずぐずしている」「自立できない」という否定的な自己イメージと長男を同一視し（自分にそっくりだと感じ）、たとえば「滑り台の上で立ち往生するような愚図な息子」を叱り付けてきたと述べた。

　両親はそれぞれの成育背景のため、長男のひきこもり（ぐずぐずしている、甘えている）に過剰に反応し、叱咤激励を繰り返してきた。自立や分離をめぐる両親それぞれの葛藤は長男に投影され、その結果、両親の感受性は低下し、長男の体験を理解し、共感することはできないようであった。長男は両親との関係を回避したまま、自室に閉じこもる生活を続けている。

　援助者は、両親それぞれの体験に共感しつつ、自分たち

の体験と長男の体験を区別して認識できるようにはたらきかけてみようと考えている。

事例2

父親はいわゆるエリート街道を順調に歩んできた人で、長男が一流大学に進学することを強く望んでいた。長男が大学受験に失敗し、ひきこもり状態になった当初は、「お前は必ず一流になれる」と叱咤激励していたが、全く動き出せない長男に幻滅し、現在は一切関わろうとしないため、長男にとっては母親が唯一の話し相手になっている。

母親は夫を批判し、「息子のことは自分だけが理解できる」「息子がひきこもったのは（あるいは、その解決も）全て自分の責任」と言い切っている。長男は専門学校への進学と税理士資格の取得を考えているというが、それが本人の希望なのか、母親の考えなのかが判然としない。長男に受診・相談を勧めてみてはどうかと提案すると、「それは絶対に無理です」と言うが、それも母親自身の不安や抵抗感なのか、本人の拒否感なのか、やはり判別できない。

母親は長男との心理的境界が曖昧であり、母親を通して語られる長男像も投影によって大幅に歪曲されているものと考えられた。援助者は、母親１人を対象とした相談・面接に限界を感じ、父親と一緒に来談してもらうことを考えたが、（自己愛的延長物としての）長男の挫折によって父親自身が深刻な喪失感を抱いているようで、今の時点で協力を求めることは難しそうであった。また母親は長男と心理的に密着し、自他の区別も曖昧な状態であり、長男を別個の存在として認識することは長男（あるいは母親自身の一部）を喪失することに等しいものと考えられたため、ま

ずは母親と本人とのやりとりを逐語記録で残してもらうことを依頼し、両者のコミュニケーションのパターンに介入できるかどうかを探ってみることにした。

事例3

　30歳の長男は親元を離れ、単身生活を送っていた。母親は彼が離職し、再就職をしようとせずに、ひきこもりがちになっていることに不安を募らせていた。長男からは「しばらく休むけれど、生活費の心配はない」という連絡を受け取っていたが、母親は「放っておけない」と感じ、送金したり、何度もアパートに押しかけ、長男との関係は悪化していった。

　母親には疎開先で何人もの親戚を亡くし、疎開したまま二度と親元には戻れなかったという外傷的な戦争体験があった。母親は、「もし自分が家庭をもったら、家族の絆を何よりも大事にしよう」と結婚前から考えていたこと、また「もし援助をやめれば、息子は死んでしまうのではないか」という不安を感じ、アパートで白骨化している長男の姿が頭から離れないことを語った。

　父親は、親しい友人もなく、休日も一人で過ごす人であった。自分の成育歴や生活歴などについては、家族にも話したことはなかった。長男に対する母親の態度について、「おまえは口うるさい。とにかく放っておいてやるのがいいんだ。健康なおまえに何がわかるんだ」と批判し、自分は長男に関わろうとはしなかった。面接場面では、当初はおどおどした態度が目立っていたが、その後、「私が関わると、息子を壊してしまいそうです」と漏らし、父親が自らの傷つきやすさを長男に投影していること、自らの攻撃

性・破壊性を極度に恐れるシゾイド的な傾向の強い人であることが窺われた。

　援助者は、両親それぞれのスタンスを中和し、長男と両親との間で適度な距離感を形成するようなはたらきかけを考えている。

　こうした家族背景は、多くの場合、継続的な相談・面接の中で徐々に語られるようになったものです。夫婦療法を求めてきたクライエントでない限り、いきなりこうしたテーマを話題にできるものではありません。必要があると判断した場合には、たとえば「お子さんの問題や、今後の関わり方について考えるうえで、ご家族みなさんの原家族との関係に目を向けることが必要だと思います」といった率直な説明と同意が必要でしょう。また、対象となっている家族の自我機能を評価し、こうしたアプローチに耐え得るというアセスメントに基づいて進められるべきものです。

10. 発達障害臨床と精神力動的な観点

(1) 心理療法的アプローチの可能性について

フロイトは内因と外因が互いに補い合いつつ疾病を生じさせているという観点を示し、こうした考え方を**相補系列**と呼びました。神経症が体質によって引き起こされるのか、有害な外傷体験によって生じるのかという二者択一ではなく、たとえば内因としてのリビドー固着が異常な発達をしていれば、恵まれた生活をしていても発病するし、困難な生活体験に遭遇しなければ発病せずに済んだと思われる人もおり、内因と外因の果たす役割はさまざまである、あるいは、遺伝的体質、幼児期の体験、発症の契機となる後年の外傷体験という三者の相対的な強さに応じて、一つの系列として捉えられるという考え方です。

さらにフロイトは、疾病に罹患する個体側の準備性である素因がリビドー固着によって形成されることと同時に、そのリビドー固着もまた遺伝的体質と幼児期体験によって形成されるという観点を示しました。「リビドー固着」という概念に対する今日的評価はともかく、フロイトが遺伝的・生物的要因を軽視していなかったことはもちろん、20世紀初頭という時代に、すでに遺伝的要因と環境要因との複雑な絡み合いに注目していた先見性には驚かされます。

こうした考え方を今日的な発達障害臨床、とくに心理療

法的アプローチの可能性という点において参考にすることができるのではないかと思います。たとえば、自閉症スペクトラム障害をもつ青年期・成人期の人が丁寧な心理療法的アプローチによって、不安、緊張といった自分の感情に気付きやすくなり、さらに他者の感情や意図にも思いを巡らせるようになることがあります。また、虐待的な養育の影響を強く受け、「考える」という心的機能がさらに損なわれている自閉症スペクトラム障害の子どもたちもいますが、彼らも徐々に「考えること」ができるようになる可能性があります。

　あるいは、幼児期から児童期において大人に関わりや助けを求めないことが自閉症スペクトラム障害によるのか、虐待体験による愛着障害なのかという鑑別も重要です。深く考えることも、悩むことも、落ち込むこともできないという軽躁的な状態が自閉症スペクトラム障害によるものなのか、被虐待体験を基盤とした現象（たとえば躁的防衛）によるものなのか、双方の要素を含んでいるのか、にわかには判断がつかないようなケースが少なくないこともよく知られています。こうしたケースのアセスメントには時間をかける必要がありますし、アセスメントと心理療法的なアプローチは同時進行です。

　いずれにしても、発達障害ないしは発達障害様の特性を示している人にも、丁寧な根気強い心理療法的アプローチや生活支援によって成長・発達する可能性があり、ケースのアセスメントや治療・援助方針の策定にあたって、そのような視点を過小評価するべきではないというのが私の臨床的な実感です。

（2）発達障害と虐待

　児童・思春期の臨床では、家族内に虐待的な状況が生じている可能性は常に念頭に置いておきます。発達障害をもつ子どもを養育している母親に抑うつ状態が生じていることも少なくありませんし、極めて稀なこととは言え、母親が自殺企図に至った事例を経験したこともあります。態度、表情、語りなどから、家族の自我機能をアセスメントすること、あるいは、相談場面で話し合って決めた対応方法を実行・応用することができるかを確認し、問題解決能力を推し量ること、家族のメンタルヘルスと主たる養育者（多くは母親）に対するサポート体制が整っているかどうかをアセスメントすることも重要です。

　診察・相談場面では内省的で落ち着いた印象を受けるものの、子どもと二人の場面になると激しく逆上する家族もいますし、治療・支援の過程で、家族の不適切な対応が子どもの激しいかんしゃくや飛び降り、刃物を持ち出すなどの危険な衝動行為を誘発していることが明らかになってくるケースもあります。問題解決能力の低い家族に共感し、充分な支援を提供できるかどうかは治療者の性別や年代など、個人的な条件も少なからず影響します。家族に対して批判的な感情が湧くとき、うんざりしたような気分になるときは要注意です。危機状況を回避するために必要な環境づくりを怠らないために、自らの陰性感情に心を開いておくことを心がけたいと思います。

　また近年は、幼児期や学童期に限らず、思春期・青年期、成人期においても発達障害に気付かれるケースが増えています。たとえば、高齢者虐待で事例化するケースの中にも、知的障害や自閉症スペクトラム障害などの発達障害のため

に、介護者の立場になっている人が社会生活に困難を抱えていることがあります。こうしたケースでは、高齢者の保護と同時に、介護者の社会生活に関するアセスメントと支援が必要になることが少なくないようです。

第3部 まとめ

　第3部では、精神力動的な観点がさまざまな臨床・実践場面に有用であることを示しました。薬物療法をめぐる治療者－患者関係は医師に特有の課題と思われがちですが、たとえば「クライエントにとって自分が何も役に立っていないと感じたときに、どのように対処しているか」を振り返り、考えてみていただければ、多くの領域・職種の方々に共通するテーマであろうと思われます。

　また、入所施設やデイケアなど、生活に密着した治療・支援の現場は、「その人」を理解するには最高の環境です。「この人って、どんな人？」という問いにどのように答えるかをいつも意識しておくこと、漠然と捉えていることをはっきりと言語化する習慣、新しい理解が得られればアセスメントを日々更新する柔軟性を意識しておくと良いと思います。

　病棟や施設では、何か問題が生じると、どのように対応するかで頭が一杯になり、スタッフ・ミーティングを開いても、「どうする？」という話題ばかりになりがちです。こういうときこそ、患者・入所者と自分、患者・入所者とチームとの間に「何が起きているのか」を考えてみましょう。対応に迷っているときはアセスメントが弱いときです。精神力動的入院治療の実践と知見はそういうときにも役立つと思います。

　家族をアセスメントする際の精神力動的視点としては、対象関係論的観点と同時に、対象喪失体験がさまざまな局面に関連し、家族機能や家族の問題解決能力に影響を及ぼしていることを強調しました。

＜参考文献＞

(1) G. O. ギャバード著、権成鉉訳『精神力動的精神医学　①理論編』岩崎学術出版社、1998
(2) O. カーンバーグ著、前田重治監訳『対象関係論とその臨床』岩崎学術出版社、1983
(3) 小此木啓吾編集代表『精神分析辞典』岩崎学術出版社、2002
(4) 岩崎徹也『力動学派』(異常心理学講座　第1巻) みすず書房、1988
(5) 橋本雅雄『力動的診断』精神科MOOK No.23　神経症の発症機制と診断、金原出版、1989
(6) P. バーガー著、中村伸一、信国恵子監訳『家族療法の基礎』金剛出版、1993
(7) 小此木啓吾、狩野力八郎『家族力動とその病理』(異常心理学講座　第10巻) みすず書房、1992
(8) M. ボストン、R. スザー編著、平井正三、鵜飼奈津子、西村富士子監訳『被虐待児の精神分析的心理療法』金剛出版、2006
(9) H. ローゼンフェルト著、神田橋條治監訳、館直彦、後藤素規ほか訳『治療の行き詰まりと解釈』誠信書房、2001
(10) 近藤直司『アセスメント技術を高めるハンドブック——ケースレポートの方法からケース検討会議の技術まで』明石書店、2012
(11) サン＝テグジュペリ著、河野万里子訳『星の王子さま』新潮文庫、2006
(12) P. オースター著、柴田元幸訳『ムーン・パレス』新潮文庫、1997

　精神分析に関する用語や概念、人名の仮名表記については、原則として(3)に準拠しました。精神力動的精神医学の成立過程、力動的診断については(1)(3)(4)(5)、入院治療や薬物療法については(1)(2)、家族に関するアセスメントについては(6)(7)、虐待による子どもの精神医学的問題については(8)を参照しました。生物－心理－社会モデルに基づいたアセスメントとケース・マネジメントの方法については(10)をご参照ください。

おわりに

　サン＝テグジュペリ著、『星の王子さま』で、王子さまは旅で出会ったキツネから、「ものごとはね、心で見なくてはよく見えない。いちばんたいせつなことは、目に見えない」と教えられます。一方、ポール・オースター著、『ムーン・パレス』という小説では、盲目の老人の散歩に付き添い、街の風景など目に見えるあらゆるものを説明するために雇われた若者が、「なんだ貴様は、『ごくあたりまえの街灯』だの『何の変哲もないマンホールのふた』だの。この世に二つと同じものはないんだぞ、馬鹿野郎」「しっかり目を開けて見ろ、あほんだら、ちゃんとわしの頭のなかに見えてくるように説明せんか！」と罵倒され、自分が物をじっくり見ることをいかに忘ってきたかを思い知らされます。
　さらに老人は若者にある名画を観ること、観る角度や視点を変えながら1時間、さらにその風景を描いた画家の心の中に入っていこうとしながら1時間、精神を集中し、その絵だけを見続けることを命じます。
　「記述的であること」と「力動的であること」は相補的なのです。記述精神医学の観点は（本来の迫力には欠けるものの）DSMやICDなどの操作的診断に引き継がれ、研究や有効なデータ集積に貢献しています。力動的な観点も臨床・実践に活用し、後進に継承してゆく必要がありますが、その際にいくつかの課題があります。
　その一つは、精神力動的なアセスメントはクライエント

の主観的体験を重視すると同時に、治療者・援助者のアセスメントにも主観的な要素を多く含むという点です。これは、保健や福祉領域でも直面する課題です。三人称的な情報に終始せず、「私はこう理解・解釈している」と一人称的に言い切ることが必要なのですが、これがなかなか難しいのです。自分の評価に自信が持てず、不安を伴うからです。

　また、精神力動的な視点を活用できるようになるためには、何やらセンスみたいなものが必要であり、そのためにはそれを共通言語として日常的に活用するチームや仲間の存在が大きいと思います。チームで共有するための最低限の知識、視点、方法として活用してもらいたいというのが、本書を上梓した理由です。力動的な観点をアセスメントに取り入れ、自分が考えたことを言葉にしてみましょう。そして、そのアセスメントについて評価を受けましょう。否定的なコメントが返ってきてもいちいち傷つかないことが大切です。センスを身に付けるのは、知識を得るよりも時間がかかるのです。根気よく取り組んでみてください。自分がそれまでよりも敏感な援助者になっていることに、お気づきになると思います。

　平成26年4月

近藤直司

著者紹介
近藤直司（こんどう・なおじ）
大正大学心理社会学部臨床心理学科教授。東海大学医学部卒業後、東海大学医学部精神科学教室、神奈川県立精神医療センターで勤務。山梨県立精神保健福祉センター所長（山梨県中央児童相談所副所長を兼任）、山梨県都留児童相談所所長、東京都立小児総合医療センター児童・思春期精神科部長を経て、2014年より現職。
主な著書に、『青年のひきこもり』（共編、岩崎学術出版社、2000）、『ひきこもりケースの家族援助』（編著、金剛出版、2001）、『アセスメント技術を高めるハンドブック【第2版】』（単著、明石書店、2015）、『こころの医学入門』（共編、中央法規、2017）、『青年のひきこもり・その後』（単著、岩崎学術出版社、2017）がある。

医療・保健・福祉・心理専門職のための
アセスメント技術を深めるハンドブック
── 精神力動的な視点を実践に活かすために

2014年5月19日　初版第1刷発行
2020年1月20日　初版第3刷発行

著　者　　近　藤　直　司
発行者　　大　江　道　雅
発行所　　株式会社　明石書店
〒101-0021　東京都千代田区外神田6-9-5
電　話　03（5818）1171
ＦＡＸ　03（5818）1174
振　替　00100-7-24505
http://www.akashi.co.jp/

装幀　　明石書店デザイン室
印刷　　モリモト印刷株式会社
製本　　協栄製本株式会社

（定価はカバーに表示してあります）　　　　ISBN 978-4-7503-4014-2

[JCOPY]〈出版者著作権管理機構　委託出版物〉
本書の無断複製は著作権法上での例外を除き禁じられています。複製される場合は、そのつど事前に、出版者著作権管理機構（電話 03-5244-5088、FAX 03-5244-5089、e-mail: info@jcopy.or.jp）の許諾を得てください。

医療・保健・福祉・心理専門職のための アセスメント技術を高めるハンドブック【第2版】

近藤直司 著 ◆ A5判／並製 ◎2000円

ケースレポートの方法からケース検討会議の技術まで

長年、医療・保健・福祉・心理分野の専門職と関わってきた著者が、アセスメント技術を向上させる視点からケースレポートの方法やケース検討会議の技術までを丁寧に解説。第2版では、現任者のスキルアップやチームのレベルアップ、心理療法やカウンセリング症例のまとめ方などを追加。

●内容構成●

第Ⅰ部　アセスメント研修
- 第1章　アセスメントの技術を身につけるために
　　　　～ケースレポートについて考える
- 第2章　5分間でケースをレポートする
- 第3章　アセスメントのためのフォーマット
- 第4章　アセスメントのためのフォーマットの応用編と記入例
- 第5章　レポート例
- 第6章　個人演習
- 第7章　グループワーク

第Ⅱ部　スタッフとチームのレベルアップを図る
- 第8章　アセスメント技術を高めるための視点
- 第9章　家族機能の評価
- 第10章　チームのレベルアップを図るために

第Ⅲ部　ケース検討会議の演習
- 第11章　有意義なケース検討会にするために
　　　　ケース検討会における視点
- 第12章　ケース検討会議におけるケースレポートについて

ワークで学ぶ 子ども家庭支援の包括的アセスメント
要保護・要支援、社会的養護児童の適切な支援のために
増沢高著　◎2400円

家庭や地域における発達障害をもつ子へのポジティブ行動支援PTR-F
子どもの問題行動を改善する家族支援ガイド
グレン・ダンラップほか著　神山努監修　◎2800円

アスペルガー症候群の人の就労・職場定着ガイドブック
適切なニーズアセスメントによるコーチング
バーバラ・ビソネット著　梅永雄二監修　石川ミカ訳　◎2200円

子どもの発達・アセスメントと養育・支援プラン
やさしくわかる社会的養護シリーズ③
相澤仁編集代表　犬塚峰子編集　◎2400円

発達心理学ガイドブック　子どもの発達理解のために
マーガレット・ハリス、ガート・ウェスターマン著
小山正、松下淑訳　◎4500円

要保護児童対策調整機関専門職研修テキスト
金子恵美編集代表　佐竹要平、安部計彦、藤岡孝志、増沢高、宮島清編　児童相談所職員向け　◎2500円

児童福祉司研修テキスト
金子恵美編集代表　佐竹要平、安部計彦、藤岡孝志、増沢高、宮島清編　基礎自治体職員向け　◎2500円

ラター　児童青年精神医学【原書第6版】
アニタ・タパー、ダニエル・パインほか編
長尾圭造、氏家武、小野善郎、吉田敬子監訳　◎42000円

〈価格は本体価格です〉